Felix Genn

Es würde der Welt etwas fehlen

Pastorale Impulse aus dem Geist der Exerzitien

Ignatianische Impulse
Herausgegeben von Stefan Kiechle SJ und Willi Lambert SJ,
Band 31

Ignatianische Impulse gründen in der Spiritualität des
Ignatius von Loyola. Diese wird heute von vielen Menschen
neu entdeckt.

Ignatianische Impulse greifen aktuelle und existentielle
Fragen wie auch umstrittene Themen auf. Weltoffen und
konkret, lebensnah und nach vorne gerichtet, gut lesbar und
persönlich anregend sprechen sie suchende Menschen an
und helfen ihnen, das alltägliche Leben spirituell zu deuten
und zu gestalten.

Ignatianische Impulse werden begleitet durch den Je-
suitenorden, der von Ignatius gegründet wurde. Ihre Themen orientieren sich an dem, was Jesuiten heute als ihre
Leitlinien gewählt haben: Christlicher Glaube – soziale Gerechtigkeit – interreligiöser Dialog – moderne Kultur.

Felix Genn

Es würde der Welt etwas fehlen

etwas fehlen

Pastorale Impulse
aus dem Geist der Exerzitien

echter

Bibliografische Information der Deutschen Nationalbibliothek

Die Deutsche Nationalbibliothek verzeichnet diese Publikation in der Deutschen Nationalbibliografie; detaillierte bibliografische -Daten sind im Internet über <http://dnb.d-nb.de abrufbar.

© 2008 Echter Verlag GmbH, Würzburg
www.echter-verlag.de
Umschlag: Roberto Meraner (Autorenfoto: Nicole Cronauge)
Druck und Bindung: fgb · freiburger graphische betriebe
ISBN 978-3-429-03021-6

Inhalt

Zur Einführung

Dieses Buch *muss* ich schreiben. Im Schlussgebet der Tagesmesse vom Fest des heiligen Ignatius (31. Juli) sagt die Kirche: »Wir danken dir, dass du deiner Kirche den heiligen Ignatius geschenkt hast.« Ich kann diese Aussage aus eigener Erfahrung und mit meiner Biografie persönlich füllen. Deshalb drückt dieser Ignatianische Impuls meinen Dank aus: dass ein solcher Mensch der Kirche geschenkt wurde!

Ohne Ignatius zu kennen, wurde ich durch die Mitgliedschaft im Bund Neudeutschland mit seinem Geist vertraut. Der Gründer dieser Jugendbewegung, Pater Ludwig Esch, hat ein Buch geschrieben: »Neue Lebensgestaltung in Christus«. »Neudeutschland« war keineswegs politisch gemeint, sondern verfolgte das Ziel, aus dem Geist Jesu Christi Deutschland innerlich zu erneuern. Es ging um die Wege junger Menschen zur inneren Größe. Es ging darum, ihnen zu helfen, das Leben in Christus zu gestalten. Es ging um Haltungen, die das Leben grundlegend prägen.

Wir lernten in unserer Gruppe, täglich eine Viertelstunde stille Zeit zu halten. Es war eine Zeit, die durch Schriftlesung gefüllt wurde. Als Seminarist im Priesterseminar Trier lernte ich Jesuiten als Spirituale, geistliche Begleiter und Beichtväter kennen. Sie führten uns, ohne viel von Ignatius zu sprechen, in den Geist der Exerzitien ein. In den sieben Jahren meiner Ausbildung hatten wir jedes Jahr Exerzitien. Sie wurden von Jesuiten begleitet. Das Schema der Exerzitien war also gewissermaßen in meinem Herzen, als ich 1985 die Aufgabe erhielt, der Paulusgemeinschaft von

Münster – einer geistlichen Gruppe von Priestern und Laien – Exerzitien zu geben. Um sie gut vorzubereiten, beschäftigte ich mich zum ersten Mal mit dem Exerzitienbuch und las es. Dabei spürte ich, dass es nicht wie ein anderes Buch, auch nicht wie ein Werk aus der geistlichen Tradition der Kirche, gelesen werden konnte. Es geht vielmehr um Anleitungen, tiefer hineinzufinden in die Welt des Gebetes.

Sehr wesentlich war für mich die Begegnung mit Hans Urs von Balthasar 1982. Durch einen Vortrag in Trier kamen wir miteinander in Kontakt. Er lud mich zu Exerzitien ein, die ich 1983 bei ihm erhielt. Frucht dieser intensiven Tage war eine neue Liebe zur Heiligen Schrift. Ich begann, mit den Betrachtungen des Mailänder Kardinals Carlo Martini zum Markusevangelium zu meditieren. Später öffnete sich derselbe Geist in den Schriften Adriennes von Speyr. Je öfter ich als Spiritual im Priesterseminar zu Trier Exerzitien gab, umso vertrauter wurde ich mit dem Geist, der im Exerzitienbuch wie im Werk Balthasars und Adriennes atmet. Durch geistliche Weiterbildung im Bereich der Exerzitienarbeit, verantwortet von Jesuiten und Laien in der *Gruppe Ignatianische Spiritualität*, wurde ich auch theoretisch mit dem Exerzitienbuch vertraut.

Ich kann sagen, dass meine persönlichen Lebensentscheidungen der letzten 20 Jahre ohne die Exerzitien nicht denkbar sind. Ich durfte immer wieder aus dieser geistlichen Quelle schöpfen und wurde durch sie zum Wort Gottes und so zum Herrn geführt. Wahrhaftig will ich danken, dass der Herr seiner Kirche diesen Mann geschenkt hat! Die Theologie Balthasars und die Schriften Adriennes sind ohne den Geist des Ignatius nicht denkbar. In Ignatius, aber auch in Balthasar und Adrienne, bin ich Menschen begegnet, für die das Wort des Herrn gilt: »Wer Durst hat, komme zu mir, und es trinke, wer an mich glaubt.« Wie die Schrift sagt: »Aus seinem Inneren werden Ströme von lebendigem Wasser fließen. Damit meinte er den Geist, den alle empfangen sollten, die an ihn glauben« (Joh 7,37b–39a).

Ich verstehe dieses Büchlein als eine Hommage an den heiligen Ignatius. Ich bin überzeugt, dass Pastoral in einer veränderten und von großen Umbrüchen geprägten Situation viel bewirken kann, wenn sie sich vom Geist des heiligen Ignatius und seiner Exerzitien inspirieren lässt.

1. Boden unter den Füßen – oder: Prinzip und Fundament

Da ist mir tatsächlich der Boden unter den Füßen wegge-
rutscht. Der Betreffende hat mir den Boden unter den Füßen
weggezogen. Wenn ich ins Wasser gehe, bin ich immer froh,
noch etwas Boden unter den Füßen zu spüren. Wenn das
nicht mehr der Fall ist, wird es mir manchmal ganz schön
mulmig.

Worte aus dem Alltag. Worte, in denen sich Erfahrungen verbergen. Ich denke zum Beispiel an arbeitslose
Menschen im Ruhrgebiet. Trotz Sozialhilfe und Ar-
beitslosengeld können sie sich bodenlos fühlen. Boden
unter den Füßen zu haben hat etwas mit existentieller
Sicherheit zu tun. Ich stelle mir das bildlich vor: Ich
stehe mit geschlossenen Augen; meine Füße stehen auf
festem Grund, der hält und trägt. Manchmal denke ich
mir dann eine Wurzel, die von meinen Sohlen ausgeht
und tief in den Boden hineinreicht. Ich bin dankbar,
wenn ich diesen Halt in mir spüre. Umgekehrt stelle
ich es mir schrecklich vor, ein Mensch zu sein, der bei
einem solchen Bild ins Rutschen kommt. Wie mag es
wohl einem Krebskranken gehen, der sich in eine solche Übung hineinbegibt? Man kann es sich denken.
Es gibt schwere Situationen, in denen buchstäblich der
Boden unter den Füßen wegrutscht.

In den Geistlichen Übungen des heiligen Ignatius habe ich gelernt, was Fundament heißt: aus einem inneren Sinn zu leben, der mein Leben begründet, der
Halt, der Boden gibt, der mich Mensch sein lässt mit
Bodenhaftung. Auch mit Prinzipien, freilich lebendi-

gen Prinzipien, nicht starren, einengenden. Halt gibt
der Glaube daran, dass ich gewollt bin. Die Bibel und
die kirchliche Tradition sprechen von Schöpfung: Ich
bin geschaffen. Ich bin nicht das Prinzip, aus dem ich
mich selber entwickelt habe, sondern: Es gibt jemanden, der an mich gedacht hat, der eine Idee von mir
hatte. Es gibt jemanden, für den ich eine gute Idee
bin. Er hat gewollt, dass ich bin. Das gibt mir Halt.
Das ist ein gutes Fundament: gewollt und geliebt zu
sein. Das fängt schon morgens an: Ich konnte diese
Nacht schlafen. Selbst bei schlechtem Schlaf sage ich
mir: Es gibt dich noch. Ich darf diesen Tag sehen. Ich
kann hören, schmecken, riechen, fühlen. Ich kann
denken, Pläne entwickeln, arbeiten, mich ausruhen.
Ich habe ein Gefühl für meinen Leib und meine
Glieder. Mein Gedächtnis tut es noch. Das ruft in mir
Dank hervor.
Ignatius weist darauf hin: Ich bin nicht einfach ins Dasein geworfen. Mein Leben kommt aus einer Liebe.
Das gibt ihm Richtung. Die Richtung, auf diese Liebe zu antworten. Mein ganzes Leben kann ein einzi-
ges Lob sein: Danke, Gott, dass ich bin, dass du bist,
dass du mich willst. Es ist schön, in meinem Dasein etwas von deiner Nähe zu spüren. Zugleich spüre ich,
dass du größer bist als ich. Manches verstehe ich nicht,
zum Beispiel: Warum hast du diesen schrecklichen
Menschen neben mir erschaffen? Warum gibt es Leid?
Warum gibt es Katastrophen? Warum können Menschen so böse sein? Ich spüre, dass ich das nicht verstehen kann, dass es meinen Horizont übersteigt. Aber
ich bin bereit, mich zu beschränken und nicht so zu
tun, als sei ich Gott. Denn das ist mir klar: Es gibt dich.
Es gibt Gott. Ich bin es auf jeden Fall nicht, und die
anderen sind es auch nicht. Also will ich dich wenigs-

tens ehren, wenn ich dich auch manchmal nicht loben kann. Aber ich habe Respekt vor dir, denn du bist einfach größer als ich.

Wenn ich mich Gott zuwende, merke ich, dass ich mit meinem Tun und Wirken an seiner Welt mitbauen kann. Ich kann diese Welt so gestalten, dass mehr Liebe in ihr ist. Ich kann an seinem Werk mitwirken. Ich könnte auch sagen: Ich diene. Gott zu dienen, das geschieht nicht durch eine ständige Rolle vorwärts in tief demütiger Anbetung. Es ist vielmehr Geschenk: Ich kann am Werk Gottes mitwirken. Deshalb kann ich auch alle Dinge, die mich umgeben, so gebrauchen, dass sie diesem Ziel dienen, dass sie Leben aufbauen und nicht zerstören.

Dazu muss ich unterscheiden: Welche Dinge des Lebens helfen mir, mehr und besser zu leben, mehr und besser eine Welt aus Liebe zu gestalten? Welche schaden? Das macht gelassen: Ich brauche nicht meinen Kopf durchzusetzen, denn ich habe den Überblick nicht. Ich kann vertrauen, dass Gott mich auf jeden Fall gut führt, weil er mich liebt, weil er weiß, was für mich das Bessere ist. Ich brauche nicht unbedingt um Gesundheit zu beten, sondern ich kann mich in Gesundheit und Krankheit auf seine Führung verlassen. Ich kann einfach darauf setzen, dass sowohl Gesundheit als auch Krankheit und Ehre wie Schande dazu beitragen können, eine Welt aus Liebe zu gestalten und damit Gott als den zu zeigen, dem die wirkliche Ehre gebührt. Das ist keine Haltung, der im Grunde genommen alles egal ist, sondern tiefes Vertrauen: Ich kann mich von Gott führen lassen, und er meint es gut mit mir (vgl. Ignatius, Geistliche Übungen, Nr. 23; im Folgenden zitiert mit »GÜ« und Randnummer).

Wenn ich an meinen seelsorgerischen Dienst denke,

spüre ich eine tiefe Sehnsucht: Könnten doch viele Menschen aus einer solchen Haltung leben! Wie gut ginge es ihnen, wenn sie ganz tief vertrauen könnten! Ich möchte mithelfen, damit Menschen erfahren: Sie brauchen sich, indem sie wie Gott sein wollen, nicht zu übernehmen.

Seelsorge erfahre ich als Hilfe, Leben zu fördern und zu entlasten. Ich bin nämlich nicht mein eigenes Prinzip, sondern stehe auf gutem Boden, ja ich bin sogar in Gott verwurzelt, in einer Liebe, die sich gedacht hat, es würde der Welt etwas fehlen, wenn es diesen Menschen, mich, nicht gäbe. Pastoral ist immer lebensfördernd, aufbauend, konstruktiv. Pastoral richtet auf, zeigt, dass der Mensch einen aufrechten Gang haben kann, weil er nicht abzurutschen braucht, weil ihm der Boden nicht entzogen wird. In der Lebensgeschichte des Apostels Paulus habe ich ein schönes Wort gefunden, das diese Botschaft gut zusammenfasst. Er begegnet einem gelähmten Menschen und ruft ihn auf: »Steh auf! Stell dich aufrecht auf deine Füße!« (Apg 14,10). Paulus konnte das deshalb so klar sagen, weil er nicht nur allgemein an Gott glaubte, sondern weil er in Jesus Gott begegnet war. In Jesus begegnete er einem Gott, der bereit war, in das Bodenlose des Todes und des Grabes zu sinken, und der aus dieser Tiefe auferstanden ist. Jesus ist der Bürge dafür, dass ich niemals ins Bodenlose falle, sondern in Gott immer ein gutes Fundament behalte.

2. Verkehrssünder und andere

Der Begriff Sünde wirkt muffig, alt, von vorgestern. Was heißt das schon: sündigen? Oft verbinden Menschen damit sexuelle Erfahrungen. Und sie fragen sich: Kann denn Liebe Sünde sein? Manchmal höre ich von Menschen, dass sie im Blick auf einen anderen, der besonders gut aussieht, sagen: »Der/die ist eine Sünde wert.« In dieser Aussage steckt zumindest das Gefühl, Sünde sei ein Vergehen, ein bestimmtes Verhalten könne nicht besonders gut sein, würde sich aber im Blick auf diesen Menschen trotzdem lohnen. Wir sprechen von Verkehrssündern. Parksünden werden bestraft. Wir meinen damit Verstöße, bei denen man sich am besten nicht erwischen lassen sollte. Wie viele derartige Erfahrungen gibt es seit Kindertagen! Sehr früh erleben wir: Die Welt hat viele schöne Seiten. Aber es gibt auch krumme Linien. Manches ist in Unordnung, müsste eigentlich nicht sein. Es gibt echte Vergehen. Manche haben wir selbst schon begangen. Vor schwereren wollen wir uns hüten. »Wir sind alle kleine Sünderlein«, höre ich manchmal in der Umgangssprache. Keiner ist davon ausgenommen, hie und da etwas verkehrt zu machen. Manch einer kann das gut und geschickt verbergen. Er lässt sich eben nicht erwischen, er kann sich gut verstellen. Andere verhalten sich eher unbeholfen. Manche sind wirklich grobe und große Sünder.

Selbst wenn sich jemand mit dem kirchlichen Begriff der Sünde schwertut, weiß er doch: Es gibt Böses. In der Familie fängt es an: Neid unter den Geschwistern, unfair ausgetragener Streit, verletzende Worte, Lügen.

Welch verheerende Folgen hat es, wenn Menschen sich gegenseitig ausbeuten, sich austricksen, einander kaltstellen!

Die Geschichte der Menschheit ist eine Geschichte vieler Vergehen. Völker brachten einander um. Wie viel Blut ist im 20. Jahrhundert unnötig vergossen worden! Wie viele haben unschuldig gelitten, sind Opfer von Terror, Gewalt, Krieg, Flucht geworden. Das Ausmaß der Judenverfolgung im Dritten Reich kann man sich kaum vorstellen. Die Morde, die Hitler, Stalin oder der kambodschanische Herrscher Pol Pot auf dem Gewissen haben, übersteigen Menschenmaß. Das Unrecht, das durch die ungleiche Verteilung der Güter ausgelöst ist, bringt unsere Welt in Unordnung. Die Reichen werden immer reicher, die Armen immer ärmer.

Der Mensch kann dem Menschen zum Wolf werden. Das betrifft auch Kirchen und Gemeinden. Die Geschichte des Christentums ist eine leidvolle Geschichte: Aus Eifer und Fanatismus wurden um des Evangeliums willen Menschen dem Tod ausgeliefert. Christen brachten Christen und Nichtchristen um. Christen wurden und werden um ihres Glaubens willen verfolgt und gequält. Das Böse ist keine Kleinigkeit.

Jeder von uns strickt daran mit. Dennoch tun wir uns schwer, uns als Sünder zu bezeichnen. Im »Wir« macht sich das noch ganz gut. Aber das eigene Ich? *Ich* soll Sünder sein? Ich kann doch nichts dafür, dass ich in eine solch verflixte Welt verflochten bin. Seit meiner Geburt erfahre ich mich in einen unheilvollen Zusammenhang eingebunden. Weil meine Eltern so waren, bin ich so geworden, und weil deren Eltern so waren, sind sie so geworden. Wir sprechen von der Erbsünde. Und weil alle in einem solchen Zusammenhang stehen, meinen wir, entlastet zu sein. Wenn

16

schon, dann sind es immer die anderen, die Verhältnisse, die anderen Menschen, die Veranlagung, die Umstände usw. Wir sind alle kleine Sünderlein. Aber ich bin es eigentlich nicht; denn ich kann nichts dafür.

Mit am schwersten fällt es mir einzugestehen, dass ich Sünder bin, dass ich nicht nur Fehler habe und mache, sondern dass in mir zwei Seelen sind: Ich möchte gut sein, aber ich tue oft genau nicht das, was ich will, sondern das, was ich nicht will. So hat es Paulus schon als Erfahrung benannt: »Das Wollen ist bei mir vorhanden, aber ich vermag das Gute nicht zu verwirklichen. Denn ich tue nicht das Gute, das ich will, sondern das Böse, das ich nicht will. Wenn ich aber das tue, was ich nicht will, dann bin nicht mehr ich es, der so handelt, sondern die in mir wohnende Sünde. Ich stoße also auf das Gesetz, dass in mir das Böse vorhanden ist, obwohl ich das Gute tun will« (Röm 7,18b–21).

Die Kirche hat oft massiv über die Sünde gepredigt. Viele Menschen haben dadurch das Gefühl bekommen, kleingemacht zu werden. Irgendwann einmal in den letzten Jahrzehnten hat man das alles abgestreift. Sünde wurde nicht mehr zum Thema gemacht und auch nicht mehr so ernst genommen. Gleichzeitig ist ein feines Gefühl für Unrecht gewachsen. Viele Dritte-Welt-Gruppen machen darauf aufmerksam, wie viel Unrecht und Ausbeutung in der Welt existieren. Sie sind sensibel für die Armut der Länder, insbesondere in der südlichen Erdhälfte. Es gibt ein feines Gespür von Menschen, besonders von jungen Menschen, für Unrecht auch in kleinen Zusammenhängen. Viele sind durch frühe Lebenserfahrungen gerade in diesem Punkt sensibel, weil sie selbst verwundet sind.

Dennoch leben wir in einem Unschuldswahn. Wir kennen die Spannung, um das Böse zu wissen, auch darum zu wissen, wie wir dabei mitmischen. Gleichzeitig empfinden wir uns als gut, ja sogar als anders und besser. Damit kommen wir nicht zurecht. Deshalb wird diese Seite unseres Lebens oft einfach verdrängt. Wenn sie uns erreicht, suchen wir lieber nach Schuldigen außerhalb von uns. Manchmal haben wir uns auch ein Bild von Gott gemacht, das ihn wie einen alten gutmütigen Großvater erscheinen lässt. Wir sagen dann gerne: Der liebe Gott ist gar nicht so, er drückt ein Auge zu. Wir brauchen uns eigentlich nicht so viele Gedanken zu machen, wo unser Anteil an der Unordnung in der Welt liegt. Irgendwie finden wir immer noch einen Ausweg, uns selbst als richtig anzusehen. Dass darin schon eine Abgrenzung gegenüber anderen liegt, auch ein Stück Hochmut, verbunden mit einem guten Schuss Verachtung der anderen, merken wir nicht. Wir spüren gar nicht, dass wir damit schon am Geflecht und Netzwerk des Bösen weiterknüpfen. Es ist ein richtiger Kreis, aus dem wir nicht herausfinden. Wir sprechen von einem Teufelskreis des Bösen.

In der Pastoral haben wir das Thema unterbelichtet und zur Seite geschoben. Buße, Beichte, Sünde und Umkehr sind selten Thema unserer Verkündigung. Auch kirchlich sind wir mit unserer Mittelmäßigkeit ganz zufrieden. Ich erlebe Gemeinden, die rege und aktiv in der Dritte-Welt-Arbeit tätig sind, die viel Sinn für Caritas entwickeln, sich für Menschen in Not einsetzen, die sich aber zugleich mit dem Thema Buße und Sünde schwertun. Deshalb können sie auch wenig damit anfangen, wenn die Kirche bekennt: Jesus ist für unsere Sünden am Kreuz gestorben. Solches Christentum steht in der Gefahr, das eigene Böse einzuschläfern. Aus der Botschaft des Evangeliums wird ein moralischer Druck, immer noch mehr zu tun, um eine bessere Welt zu schaffen. Ich möchte mich gerne hin und wieder an der Nase packen und fragen: Wo liegt dein Beitrag zur Unordnung?

3. Die Sünde der Engel

Engel haben Konjunktur. Als ich vor über dreißig Jahren Theologie studierte, war das nicht der Fall. Engeln und gefallenen Engeln, Teufel genannt, hatte man den Abschied gegeben. Lehrte ein Professor über dieses Thema, wurde nur noch müde gelächelt. Heute finden sich urplötzlich Engel auf Bierdeckeln und – in unterschiedlichen Formen und Größen – als Zimmerschmuck. Neulich klingelte an der Tür meines Bischofshauses ein junger Mann und schrie mir seine ganze Not entgegen: Er sei ein gefallener Engel, er habe ein neues Herz, das der Satan in Besitz habe, er werde von dem da unten in die Tiefe gezogen und brauche von mir eine Teufelsaustreibung. Ich habe mich gefragt: Wie kommt ein junger Mensch, der diese Begriffe vermutlich nie im Religionsunterricht oder durch ein Theologiestudium gehört hat, auf diese Ausdrücke: »neues Herz«, »gefallener Engel«, »in die Tiefe gezogen«, »Teufelsaustreibung«? Ich höre von Satansmessen, perversen Kulten, ich sehe T-Shirts mit Satansaufschriften.

Ignatius greift in seinen Geistlichen Übungen die Rede von der Sünde der Engel auf (GÜ 50). Er lädt ein, diese zu betrachten. Ich fand das immer merkwürdig. Was gibt es da viel zu betrachten? Eines Tages wurde mir ein Hinweis geschenkt: Wenn wir von Engeln sprechen, meinen wir geistige Wesen. Die Sünde aber beginnt im Geist. Dem will ich noch etwas nachgehen. Ich will es auch deshalb tun, weil ich darin einen Schlüssel sehe, zu diesem Thema und zu einer erneuerten Bußpastoral einen besseren Zugang zu erhalten.

Es stimmt: Das Böse beginnt im Geist. Ich brauche mich nur zu erinnern, wie ich manchmal über andere denke: Da ist das Urteil schon fertig. Das Missverständnis wächst. Die Begegnung mit dem anderen ist vorprogrammiert. Vor allem erhebe ich mich als Richter über den anderen. Ich weiß nicht nur, wie ich den anderen einzuschätzen habe. Mein Urteil ist sogar wahr: Wie ich es mir denke, so ist er! Ich habe ihn gut im Griff mit meiner Meinung. Gebe ich ihm noch eine Chance, meinen Horizont zu erweitern, so dass ich ihn anders sehen kann?

Auf die Realität, wie der andere ist, wie er sich mir zeigt und präsentiert, lasse ich mich erst gar nicht ein. Ich habe mein Bild. So denke ich. Vieles bilde ich mir ein – und nachher zeigt sich, dass das Gegenteil der Fall ist. Streit beginnt oft genau da: in meinem Herzen und in meiner Vorstellung. Umgekehrt gilt: Wie oft lösen sich Konflikte, wenn gemeinsam die Realität benannt und angeschaut wird!

Die Sünde beginnt im Geist. Ich denke zum Beispiel an die Mitglieder der Rote-Armee-Fraktion (RAF). Vielleicht sahen sie sich selbst als Idealisten. Aber sie töteten Menschen. Solche Morde begannen in den Köpfen. Sie wurden geplant. Der Austausch in der Gruppe hat eine Atmosphäre des Ungeistes verbreitet, so dass am Ende sogar der Mord als etwas Richtiges angesehen wurde. Ein Italiener erzählte mir einmal, Kinder von Mafiosi bekämen bisweilen zur Erstkommunion Revolver geschenkt. Das gehöre zum Milieu dieser Gruppe. Ein Empfinden für den absoluten Gegensatz von Kommunion und Revolver sei einfach nicht vorhanden. Die Kinder wachsen in einer Atmosphäre auf, in der Gewalt dazugehört.

Wenn Jesus davon spricht, Gott mit allen Gedanken zu

lieben, höre ich das Gegenteil: Er will die Sünde in meinem Geist ersetzen durch Gedanken der Liebe. Wenn ich liebevoll denke, bin ich nicht auf der Spur des Bösen, sondern von einem anderen Geist beseelt. Hier liegt der entscheidende Punkt: Wir werden deshalb mit dem Bösen nicht fertig, weil wir in der Tiefe unseres Herzens egoistisch sind. Wir kreisen um unser eigenes Ich, sind in unseren Gedanken sehr von uns eingenommen und bestimmt. In unserem Herzen lebt ein tiefes Misstrauen, dass irgendein anderer, und hieße er Gott, mir etwas vom Leben nehmen könnte. Ich muss *mich* hüten; ich bin mir selbst der Nächste. Ich weiß, was mir guttut. Das lasse ich mir von niemandem nehmen, da lasse ich mir von niemandem reinreden. Von klein auf lerne ich, für mich zu sorgen, meine Ellbogen zu gebrauchen, mich um mich selbst zu drehen. Die Rede von der Sünde der Engel meint genau dies: Der menschliche Geist ist immer in der Gefahr, sich absolut zu setzen, den anderen als Gegner und Feind anzusehen. Man kann es noch tiefer sagen: Der unbändige Drang nach Freiheit führt dazu, den anderen als den Konkurrenten zu sehen, der mir das Leben beschneidet. Wahrscheinlich hat es die kirchliche Lehre vom Fall der Engel genauso gemeint: Gott gab den Engeln, den geistigen Wesen, von denen wir uns überhaupt keine Vorstellung machen können, die Freiheit, sich für ihn zu entscheiden und darin ihre tiefste Erfüllung zu finden. Gott gab ihnen die Freiheit, so könnte man auch sagen, dankbar anzuerkennen, geschaffen zu sein. Das wollten sie nicht wahrhaben, weil sie nur *so* glaubten, ihre Existenz sichern zu können. Das ist ihr Sündenfall.

Ich glaube, dass wir darin menschliche Situationen wiedererkennen können. Ich kann Gott als den Boden unter meinen Füßen, als den Grund meines Daseins sehen. Ich kann aber auch denken: Vor einem solchen Gott muss ich mich hüten; denn er schafft mich, um mich von sich abhängig zu machen. Der unbändige Freiheitsdrang, selbst sein zu wollen und unabhängig von jeglichen anderen, kann zu einem furchtbaren Egoismus führen, so dass der Mensch dem Menschen zum Wolf wird.

Letztlich ist hier eine Entscheidung gefordert: Gestehe ich zu, dass ich an den Verstrickungen des Bösen mitarbeite oder nicht? Will ich da herauskommen oder mich arrangieren? Der Christ lebt aus der Einsicht, dass ein Arrangement nicht geht. Es ist ein Kompromiss, der das Vorzeichen des Egoismus beibehält. Die Grundmelodie bleibt nicht eine Liebe, die sich verschenkt, sondern ein Interessenausgleich zwischen Egoisten. Die Verkündigung eines Geistes, der eine andere Atmosphäre schafft, eine Atmosphäre des Guten, wird eine angstfreie Zone errichten: Ich brauche keine Angst zu haben, vom anderen verschluckt zu werden, dem anderen unterlegen zu sein und den Kürzeren zu ziehen, weil ich in einer Liebe gehalten bin, die mich nie bodenlos sein lässt.

Ich finde es eine wunderbare Chance für unsere kirchliche Verkündigung, wenn wir auf die geistigen Grundlagen hinweisen, aus denen wir leben. Wer aus der Liebe lebt, hat einen anderen Geist, ist anders geprägt, denkt anders, geht anders mit den anderen um. Er kann sich verschenken, ohne Angst zu haben, auf der Verliererseite zu stehen. Menschen, die aus der Liebe leben, wissen immer um ihre Schwachheit, ihre Sünde und den Egoismus im eigenen Herzen. Aber sie sind bereit, sich davon lösen zu lassen. Man könnte auch sagen: Sie glauben an Erlösung.

4. »Es gibt kein Erbarmen«

Ich erinnere mich noch gut an eine Begegnung mit einem schwer Kranken. Er galt immer als eigenwilliger Kopf. Leidvoll spürte er, wie seine Kräfte abnahmen. Mit gequältem Gesicht sagte er mir: »Es gibt kein Erbarmen.« Ich sehe mich noch heute vor ihm sitzen. Kein Wort kam mir über die Lippen. Ich war buchstäblich sprachlos. Was sollte ich sagen? Welche Lebenserfahrung spricht aus diesem Satz? Was hätte ich dagegenhalten sollen? Es blieb beim Schweigen. Einige Zeit später besuchte ich ihn am Krankenbett. Irgendwie wagte ich es, gegen Ende des Gespräches zu sagen, dass ich ihn doch gerne segnen möchte. Er nahm den Segen an und begann zu weinen. Ich fragte mich, wie das zu seinem sonstigen Bekenntnis passte. Ich weiß es nicht. Glaubt er vielleicht doch nicht, dass es kein Erbarmen gibt? War es nur ein Notruf?

Manchmal könnte man mit Blick auf das Leid der Welt sagen: Es gibt kein Erbarmen. Es gibt vielleicht den einen oder anderen, der Erbarmen übt. Aber das ist doch nur ein Tropfen auf den heißen Stein. Grundsätzlich ist es so: Es gibt kein Erbarmen. Man muss sich durchsetzen, die eigenen Ellbogen gebrauchen, sehen, dass man auf die Seite der Stärkeren kommt. Die Selektion schafft es, die Schwachen auszumerzen. Eine brutale Weltsicht. Man könnte dazu kommen, gäbe es nicht Jesus von Nazareth.

Was er tat, war schon damals, zu seiner Zeit und in seinem Volk, ein Tropfen auf den heißen Stein. Er hat nicht alle geheilt: nicht allen Blinden seiner Zeit das Augenlicht wiedergeschenkt, nicht alle Toten auferweckt. Die Wunder waren Zeichen für ihn, Zeichen für Erbarmen. Es waren Zeichen, die einen Menschen zeigten, der an das Erbarmen glaubte. Ein besonders schönes Beispiel ist sein Umgang mit einem Mädchen, das verstorben war. Sie war die Tochter des Vorstehers der Synagoge von Kafarnaum. Jesus hat sie aufgeweckt. Er gab sie seinen Eltern zurück. Dabei sagte er, man solle diesem Kind etwas zu essen geben. Er stellt also gar nicht die großen Zeichen heraus, sondern er bleibt sensibel für die Kleinigkeiten des Lebens, z.B. für den Hunger eines Menschen, für das, was gerade im Augenblick notwendig ist. Diese Erzählung ist für mich ein Hinweis darauf, welches Herz Jesus hatte. Ich glaube, dass in ihm Gott zu uns gekommen ist. Gerade an dieser Geschichte zeigt sich mir: Gott hat Erbarmen, bis in die winzigsten Kleinigkeiten meines Lebens hinein.

In Jesus zeigt sich aber auch ein klarer Blick für die Sünde. Einmal heilt er einen gelähmten Mann, der zu ihm gebracht wird. Bevor er ihn von seinen körperlichen Schmerzen befreit, löst er ihn von seinen Sünden. Sein Erbarmen geht an keiner Not vorüber, sieht aber auch, welche Not die Sünde ist. Wir Christen glauben und bekennen: Jesus ist für unsere Sünden am Kreuz gestorben. Gerade da zeigt sich das Erbarmen Gottes in radikaler und dichter Weise.

Ignatius führt den Beter in seinen Geistlichen Übungen (GÜ 53f.) an diesen Punkt: Er lädt ein, Jesus anzuschauen, und zwar bewusst in der Position, in der er am schwächsten ist, am Kreuz; sich einfach vorzustellen, wie Jesus am Kreuz hängt, und es zu wagen, genau mit diesem leidenden Menschen, diesem Gequälten zu sprechen. Man kann mit ihm eine Unterhaltung führen, ihn fragen, was ihm im Kopf herumging, als er auf die Idee kam, Mensch zu werden: Was hat dich dazu getrieben, aus der Ewigkeit Gottes in die Zeit zu gehen, von dieser Weite und Fülle, die wir uns überhaupt nicht vorstellen können, in unsere Enge und Leere zu kommen? Und auch nicht dem Tod auszuweichen, sondern ihn wirklich zu sterben? Man könnte Jesus in ein Gespräch verwickeln und ihn fragen, warum behauptet werde: Du bist für unsere Sünden gestorben. Was meinst du damit eigentlich? Ignatius ist überzeugt davon, dass man an der Antwort Jesu, alles sei aus Liebe geschehen, gar nicht vorbeikomme.

Erbarmen zeigt sich am Kreuz nicht nur als eine Größe, die humanes Denken offenbart: Ich helfe diesem armen Hund, der da als Bettler an der Straße liegt, oder ich tue etwas Gutes, damit das Unrecht in Lateinamerika geringer wird. Nein, Erbarmen ist für Jesus noch etwas viel Umfassenderes. Gott, der den Menschen aus Liebe schafft, kann seiner Liebe nicht untreu werden. Er bleibt leidenschaftlich engagiert für den Menschen. Er sucht ihn unentwegt. Er geht ihm nach, selbst wenn der Mensch sich in seinem Egoismus und in dessen Folgen verstrickt. In Jesus gibt er sich selbst in diese Verstrickung, in dieses Gestrüpp hinein. Er wird selbst als Verbrecher verurteilt. Das Gespräch mit Jesus kann sensibilisieren für Situationen, die ungerecht sind. Ich werde spüren: Nirgends kann ich mich herausstehlen als der Unschuldige, wenn Gott selbst sich in das Elend dieser Welt hineinziehen lässt. So werde ich eingeladen zu schauen, welches Erbarmen Gott mit uns Menschen hat, wenn er sogar bis ans Kreuz geht.

Ich werde entdecken, wie Jesus Männer und Frauen in den engsten Kreis seiner Freunde aufgenommen hat, die wahrhaftig keine kleinen Sünder waren. Ich denke an Petrus: Vor der Passion sagte er zu Jesus: »Auf keinen Fall werde ich dich verlassen.« Kurz darauf verleugnete er ihn. Ich denke daran, dass der große Paulus mit dem Mord an Stephanus einverstanden war, ja sogar selbst aufbrach, um die ersten Christen gefangen zu setzen. Ich denke an Maria Magdalena, die in der Tradition immer als große Sünderin gesehen wurde.

Das Kreuz lädt mich ein, zu schauen, wo ich in meiner Beziehung zu diesem Jesus stehe. Ich kann darüber nachdenken, was ich schon alles für ihn getan habe. Dabei werde ich entdecken, was ich hätte tun können und was ich versäumt habe. Ich kann darüber nachdenken, was ich in meinem Heute für ihn tue und was ich für ihn tun soll. Ich werde zu einem, der entdeckt: Gott zu dienen heißt, mit ihm den Mitmenschen zu dienen, mitzuwirken an seinem Erbarmen. Ich kann zu einem Menschen werden, der anderen zeigt: Du kannst unmöglich behaupten, es gäbe kein Erbarmen.

Eine Pastoral der Buße entwickeln heißt, eine Pastoral des Erbarmens schaffen. Es ist eine realistische, wirklichkeitsnahe Pastoral. Sie beschönigt nicht, dass es das Böse gibt. Sie ist bereit, dem Bösen auch im eigenen Leben ins Auge zu sehen und deshalb von Umkehr und Buße zu sprechen. Sie zeigt auf und macht deutlich, dass Buße zuinnerst das Leben fördert. Gerade weil es Buße gibt, weil Umkehr möglich ist, weil Gott sich so erbarmt hat, ist Nächstenliebe, ist der Einsatz für den anderen, ist der Einsatz für eine gerechte Welt der Ernstfall des Christen.

Und die Beichte? In vielen Gemeinden ist sie tot. Sie wird als ein Sakrament angesehen, das früheren Zeiten angehört und höchstens noch im Zusammenhang mit der Erstkommunion ein Mal im Leben gespendet wird. Hier liegt eine große Gefahr unserer Pastoral: Wir können den Ernst des göttlichen Erbarmens übersehen, wenn wir es uns selbst nicht schenken lassen. Beichte heißt für mich: Ich kann immer wieder neu erfahren, bei Gott eine reale Chance zu haben. Ich werde fähig, Erbarmen zu üben, weil ich es selbst brauche. Beichte bewahrt mich vor der Gefahr, im Guten verhärtet zu werden. Ich entdecke am Kreuz Jesus als denjenigen, der bereit war, in das Böse dieser Welt hineinzugehen, es auf sich zu nehmen, und der als Gottmensch auf diese Weise Erlösung brachte. Wenn Gott die ganze Schuld der Welt auf sich nimmt und zum Sündenbock wird, dann gibt es Erbarmen.

Das Kreuz zeigt mir: Jesus hat gewissermaßen am Kreuz die ganze Schuld der Welt gebeichtet. Zugleich hat er diese Schuld in die Vergebung Gottes hineingestellt. Paulus bringt das fast überspitzt auf den Punkt, wenn er sagt: »Gott hat den, der keine Sünde kannte, für uns zur Sünde gemacht, damit wir in ihm Gerechtigkeit Gottes würden« (2 Kor 5,21).

Es ist wie ein wunderbarer Tausch: Jesus wird zur Sünde, der Sünder wird zur Gerechtigkeit! Wenn ich also beichte, dann bitte ich darum, dass mir genau das zuteil wird: Ich bitte darum, dass dieses Geschehen des Kreuzes mir gilt. Mir in meiner persönlichen Situation wird in der Beichte die Vergebung auf den Kopf zugesagt. Ich lasse mir die Gnade des Kreuzes schenken, nicht allgemein, sondern genau in dem, wo ich am Netzwerk des Bösen mitstricke.

Unsere Gemeinden werden da erneuert, wo sie bereit sind, das Böse in ihrer eigenen Mitte und das Böse im Leben des Einzelnen zu sehen. Wer sich nicht davor drückt, Jesus mit seinem Sterben damit in Verbindung zu bringen, kann die ganze Tiefe der Erlösung erfahren und die Größe des Erbarmens Gottes. Hier kommt Seelsorge an einen zentralen Punkt. Sie schenkt gerade in der priesterlichen Absolution die Gabe des Auferstandenen weiter. In seiner ersten Begegnung nach seinem Tod haucht Jesus seine Jünger mit dem Geist an, den er bei seinem Sterben dem Vater übergeben hat. Ausdrücklich sagt er ihnen: »Empfangt den Heiligen Geist! Wem ihr die Sünden vergebt, dem sind sie vergeben; wem ihr die Vergebung verweigert, dem ist sie verweigert« (Joh 20,22b–23).

5. »Was ist mein Ding?«
oder: Der Ruf Christi

Wie oft habe ich es schon gehört: »Ich habe entdeckt, dass das mein Ding ist.« Oder: »Das ist nicht mein Ding.« Wenn Menschen so reden, klingt das zunächst sehr unbestimmt. Was ist gemeint? Oft handelt es sich um eine Sache, die wirklich ihre Existenz berührt. Wenn jemand z.B. eine bestimmte Aufgabe als »sein Ding« ansieht, redet er nicht oberflächlich daher. Angesprochen ist, wie er sein Leben gestaltet. Es ist möglich, dass eine solche Redeweise in wenigen Jahren wieder verschwunden ist. Aber ausgedrückt wird damit: Jeder Mensch braucht etwas, das ihm nicht nur Spaß macht, sondern ihn ganz und gar ausfüllt. In diesem Zusammenhang ist oft zu hören: Dies oder jenes »mache Sinn«. Aber kann man Sinn machen? Ist für Christen Sinn nicht etwas, das auf sie zukommt und ihnen geschenkt wird, z.B. der Sinn des Lebens? Kann man ihn machen?

Viele Gespräche mit jungen Menschen führen mir immer wieder vor Augen, wie ich selbst als Jugendlicher auf der Suche war, auf der Suche nach dem, was mein Leben ausmachen könnte. Liegt der Sinn meines Lebens darin, alles Mögliche zu probieren, es aber nicht voll auszuschöpfen? Oder brauche ich nicht etwas, für das ich meine Existenz wirklich ganz verschwenden kann? Ich bin überzeugt, dass der Mensch, egal welcher Generation er angehört, eine unverwüstliche Sehnsucht hat, großmütig zu sein, sich einer Sache mit ganzem Herzen hinzugeben.

Die Geistlichen Übungen des heiligen Ignatius wollen

Menschen auf diesem Lebensweg begleiten. Sie wollen ihm zeigen: Das gibt es: dein »Ding des Lebens«. Das gibt es: einen Sinn für dein Leben. Du brauchst nur eines: den Ruf Christi hören und ihm nachgehen. Deshalb laufen die Geistlichen Übungen darauf zu, Christen, die ihren Spuren folgen, dafür sensibel zu machen. Ignatius wählt einen Vergleich aus seiner Umwelt. Er sagt (GÜ 91ff.): Man stelle sich einen König vor, der Gefolgsleute sucht, die mit ihm in einen Kampf ziehen. Das Bild ist nicht gerade schön, weil Krieg nichts Schönes ist. Aber das Bild trifft: Ein König braucht für seine Gefolgschaft Leute, die mit ihm durch dick und dünn gehen, die bereit sind, ihre ganze Existenz aufs Spiel zu setzen; die bei Speise und Trank nicht wählerisch sind, sondern das nehmen, was ihnen gerade vorgesetzt wird; die nicht auf die Stunden des Schlafes achten, sondern auf das, was die Situation fordert.

Ignatius nimmt sich ein Beispiel an Jesus. Er stellt ihn als jemanden vor, der Menschen ruft, seiner Sache zu dienen und ihm zu folgen. Sie sollen nicht fragen, was es zu essen und zu trinken gibt, wie viele Stunden Schlaf sie in einem solchen Dienst haben, sondern was dieser Dienst will und fordert. Diesen Einsatz beschreibt Ignatius dann mit einem noch viel sprechenderen Bild.

Man solle sich vorstellen, wie es Gott als Vater, Sohn und Geist geht, wenn er auf die Erde schaut (GÜ 102ff.). Was sieht er? Er sieht viel Elend, Not, die Macht des Bösen und des Egoismus. Es geht Gott wie einem Menschen, der in einer Notsituation provoziert wird zu helfen. Es schreit förmlich in ihm: Da muss man etwas tun! Jeder Mensch hat eine solche Situation schon einmal erlebt. Er hat erfahren: In dieser Situation musst du helfen. So geht es Gott, wenn er die Menschen sieht, wenn er die Erde überblickt. Ich erinnere an die Geschichte der Begegnung des Mose mit Gott am brennenden Dornbusch. Gott sagt zu Mose: »Ich habe das Elend meines Volkes gesehen, und ihre laute Klage über ihre Antreiber habe ich gehört. Ich kenne ihr Leid. Ich bin hinabgestiegen, um sie der Hand der Ägypter zu entreißen (Ex 3,7–8).

So ist ein Gott, der liebt. Das ist der tiefste Grund, warum Gott Mensch wird. Die Not der Menschen treibt ihn dazu, hinabzusteigen zu uns, zur Erde. In Gott fällt gewissermaßen die Entscheidung, dass der Sohn bereit ist, Mensch zu werden, sich einzusetzen für die Welt, um ihr das Erbarmen Gottes nahezubringen; ja bereit zu sein, bis zum Tod dafür zu leiden und zu kämpfen. Ignatius führt den Beter zur Frage, ob er nicht mitwirken wolle. Das heißt: den Ruf Christi zu hören und zu suchen. Was bedeutet dieser Ruf für mich? An dieser Stelle spüren wir: Dem Ruf Christi zu folgen ist mehr als die oberflächliche Frage, was »mein Ding« ist. Hier geht es um die Existenz und nicht um eine augenblickliche Erfüllung oder um eine Sache, die meinem subjektiven Empfinden eine Zeit lang guttun kann. Der Ruf Christi ist mehr als ein »Ding«. Er ruft zur ganzen Hingabe der Existenz auf. Er ist die Erfüllung der Liebe und so die Antwort auf die große Hingabe Gottes an uns Menschen.

Ich habe einmal eine sehr schöne Erfahrung in einem Pfarrgemeinderat gemacht. Die Mitglieder dieses Gremiums hatten sich aus Anlass meines Besuches entschieden, ein Schriftgespräch zu halten, wie sie das öfters tun. Sie wählten eine Stelle aus dem zehnten Kapitel des Lukasevangeliums aus. Der Evangelist berichtet, wie Jesus 72 Jünger auswählt und sie zu zweit aussendet, um sein Wort weiterzugeben und die heilende Kraft zu vermitteln, die von ihm ausgeht. Die Mitglieder des Pfarrgemeinderates fragten sich nun, was diese Stelle für ihre Situation aussagte. Zum Beispiel stellt ein Arzt sich die Frage, was Jesus mit dem Wort meint: »heilt Kranke«? Was heißt das für eine Gemeinde? Welche Kranken gibt es über die leiblich Kranken hinaus? Was heißt heute in unserer Gesellschaft, krank zu sein? Wie viel Not und Leid gibt es in den Herzen und Seelen der Menschen! Was bedeutet das für eine christliche Gemeinde? Bei diesem Gespräch habe ich erlebt, wie eine christliche Gemeinde versucht, im Einsatz Gottes zu leben. Hier hat der Ruf Christi getroffen.

Der Ruf Christi ist aber mehr als der Anruf in eine augenblickliche Situation hinein. Sich vom Wort Gottes in einer bestimmten Lebenslage persönlich oder als Gemeinschaft treffen zu lassen ist eine Dimension dieses Rufes Christi. Wenn Ignatius auf den Ruf Christi hinweist, will er jene, die Geistliche Übungen machen, noch mehr sensibilisieren. Er möchte sie hinführen zu der existenziellen Grundfrage: Wem gehört mein Leben? Ist das Wort Christi nicht ein Anruf, mein Leben ganz und gar, mit Haut und Haaren, mit Leib und Seele Jesus und seinem Werk zur Verfügung zu stellen?

6. Wer die Wahl hat, hat die Qual

Wer wüsste davon nicht zu berichten? Jeder Einkauf kann zur Qual der Wahl werden. Diese Qual der Wahl wird aber nicht nur beim Einkauf erlebt. Wir sprechen heute von »Sinn-Angeboten« und »Sinn-Anbietern«. Religionen, Philosophien, esoterische Lebensentwürfe, Praktiken zum positiven Denken und zur Meditation bilden geradezu einen Markt. Ich erlebe viele junge Leute, die in der Vielzahl der Angebote nicht wissen, was sie wählen sollen. Alles scheint interessant zu sein, manches stößt vielleicht von vorneherein ab, aber vieles weckt Neugier. Viele wählen das Zufällige und spüren schon bei der Wahl, dass das nicht das Richtige ist. Ich las einmal von einem, der durch Zufall Arzt geworden ist; ein Beruf, der ihn überhaupt nicht ausfüllte, den er nur genommen hat, weil ihm nichts Besseres einfiel und weil der Notendurchschnitt ihn zuließ. Leben kann dann zur Qual werden. Wie wähle ich das Richtige? Was ist dann »mein Ding«? Oder soll ich möglichst viel ausprobieren? Das Problem des ewigen Studenten ist allzu bekannt. Manche sind auch sehr wählerisch. Sie müssen das Beste vom Besten haben.

Wahl – das ist ein wichtiges Stichwort aus den Geistlichen Übungen des heiligen Ignatius (GÜ 169ff.). Es ist ein wichtiges Stichwort auch für unsere seelsorgliche Situation. Was könnten wir alles in unseren Gemeinden tun! Was müsste nicht noch alles getan werden?! Wenn ein Pfarrgemeinderat kreativ ist, steht er ständig vor der Qual der Wahl – und vor der Überforderung, gar nicht alles tun zu können, was möglich und notwendig wäre. Worauf kommt es an?

Ignatius führt denjenigen, der die Spur Jesu entdeckt und in seinem Einsatz leben möchte, in die Situationen des Lebens Jesu. Sie sollen zunächst einfach einmal Jesus kennen lernen: Wie sein Leben begonnen hat, was aus seiner Kindheit erzählt wird, wie sich die Personen in seinem Umfeld verhalten haben. Dabei entwickelt sich zunehmend ein Gespür dafür, was dem Denken und Fühlen Jesu entspricht. Die Betenden bekommen gewissermaßen einen Sensor und eine Antenne für das, was Jesus gemäß ist. So kommen sie allmählich dazu, nachzuforschen mit ihrem Gefühl, ihrem Gemüt, ihrem Verstand, vor allem aber durch ihr Beten, was denn Jesus sich konkret vorstellt, wenn er Menschen in seinen Dienst nimmt.

Ignatius spitzt das zu: Der Betende soll lernen zu wählen, was Gott für ihn gewählt hat. Das klingt äußerst provokant. Wie soll ich wählen, was ein anderer für mich gewählt hat? Ist das noch Freiheit? Das ist doch noch mehr Qual als die Qual der Wahl! Mich von einem anderen bestimmen lassen? Dahinter steckt die feste Überzeugung, dass Gott es mit den Menschen wirklich gut meint und dass Jesus in seiner Barmherzigkeit und Liebe mich niemals vernichten will. Wenn er in seinem Überblick sieht, was für mich gut sein könnte und gut ist, dann kann ich mich darauf verlassen, dass er für mich das Richtige wählt.

Es ist wie bei Maria. Der Engel sagt zu ihr, sie werde die Mutter Gottes. Sie fragt zurück, wie das geschehen soll, wo sie keinen Mann erkennt. Sie erhält die Antwort, dass bei Gott nichts unmöglich sei – und sagt »ja«. Sie sei eben die Dienerin, die Magd des Herrn. Deshalb könne mit ihr ruhig passieren, was der Herr sagt. Eine größere Freiheit kann man sich eigentlich nicht denken. Es ist eine Freiheit aus vertrauender Liebe. So können Menschen entdecken, ob auch sie es wagen sollen, ihr ganzes Leben auf Jesus zu setzen und dabei den eigenen Willen, den eigenen Besitz, alle Kräfte des Leibes und der Seele darauf hin zu richten, ganz für Gott da zu sein. Wer so gewählt hat, spürt, dass diese Wahl manchmal eine Qual ist, weil es wirklich um das Leben geht. Wer sie aber getroffen hat, findet nichts Quälendes daran. Im Gegenteil: Wer sich Jesus schenkt, verliert nichts, sondern gewinnt alles. Warum? Weil er einem nie etwas nimmt, sondern sich ganz schenkt.

Was alles könnte der Weg Jesu für Gemeinden bedeuten?! Vielleicht klingt das selbst für christliche Gemeinden ungewöhnlich.

7. Gehorsam: Geschenk zur Freiheit

Ob man das noch kann: gehorsam sein? Was ist damit schon alles an Schindluder getrieben worden! Den Deutschen klingt immer noch im Ohr, dass ein ganzes Volk zu einem Mann gesagt hat, er sei der Führer und man werde ihm blindlings folgen. Das wurde zum Tiefpunkt der deutschen Geschichte. Es führte in den Abgrund menschlicher Bosheit.

Menschen, die sich in der Bibel auskennen, denken beim Stichwort Gehorsam voller Erschrecken an die Erzählung, in der Abraham von Gott aufgefordert wird, ihm seinen Sohn als Opfer darzubringen. Sofort drängt sich die Frage auf: Kann Gott so etwas verlangen? Kommt hier der Gehorsam nicht an eine religiöse Grenze? Bedenkt man zudem, dass die Priester bei der Weihe ihrem Bischof und Ordensleute bei der Profess ihren Oberen Gehorsam versprechen, erhebt sich die Frage: Kann man einem Menschen Gehorsam versprechen? Wenn Kinder ihren Eltern gehorchen und auf ihre Lehrerinnen und Erzieher hören sollen, so mag das in früheren Zeiten selbstverständlich gewesen sein. Muss aber Gehorsam heute nicht durch Dialog und Diskussion ersetzt werden? Was meint Gehorsam?

Zunächst einmal ist nüchtern und schlicht festzustellen: Viele Menschen sind sehr gehorsam. Sie gehorchen dem Zeitplan, der ihnen im Beruf gesetzt ist. Sie gehorchen den Gesetzen, die der Computer vorgibt. Sie gehorchen dem Timing, das für Arbeitsabläufe unbedingt notwendig ist. Würde man diesem Timing nicht folgen, nicht gehorsam sein, käme der gesamte

Betriebsablauf durcheinander. Beim Besuch eines großen Hüttenwerkes wurde mir bewusst, dass hier ohne Gehorsam keine Kooperation möglich wäre und die Produktion schweren Schaden erlitte. Ich denke auch an den Gehorsam von Eltern, sich immer wieder neu auf die Bedürfnisse der Kinder einzustellen. So abwegig erscheint der Gehorsam gar nicht zu sein. Einschränkungen der Freiheit gibt es immer wieder. Ohne Gehorsam lebt keiner. Wer nicht gehorsam ist, hat keine Ahnung von Freiheit; denn Gehorsam ermöglicht Freiheit.

In den Gebeten der Messe spricht mich immer wieder ein Satz an: »Herr Jesus Christus, dem Willen des Vaters gehorsam, hast du im Heiligen Geist durch deinen Tod der Welt das Leben geschenkt.« Hier wird das gesamte Wirken Jesu, sein Einsatz für die Erlösung der Welt, in dem Wort Gehorsam zusammengefasst. Ja, es ist tatsächlich so: Die Not der Menschen hat Gott gewissermaßen provoziert, seinen Sohn freizugeben, ihn in die Welt zu senden. Der Sohn hat dazu mit vollem Herzen »ja« gesagt, er hat sich von der Not des Menschen einfordern und berühren lassen und sich dem ganz und gar unterworfen. Dieser Gehorsam hat ihn bis hin zum Ölberg und ans Kreuz gebracht. Aber so sind wir erlöst worden. So können wir von Erbarmen sprechen und Erbarmen erfahren. Gehorsam hat sehr tief mit Liebe zu tun. Wenn ich mich in die Atmosphäre und in die Spuren Jesu begebe, stoße ich automatisch darauf, nicht mehr der Lenker meines Lebens zu sein, sondern mich von dem guten Ratgeber, dem Geist Gottes, führen zu lassen. Was ist das anderes als Gehorsam?

Und doch: Hier gibt es immer wieder Probleme. Zum Beispiel, wenn der Bischof um der Einheit des Bistums willen bestimmte Vorgaben macht, wenn er von Priestern und Mitarbeitern Gehorsam verlangt. Für mich als Bischof ist es eine innere Auseinandersetzung, ob ich einen Priester bitten kann, seine Pfarrei zu wechseln und eine andere zu übernehmen, oder ob ich einfach aus dem Augenblick eines Bedarfs heraus entscheide. Der, der Gehorsam verlangt, muss ebenfalls gehorsam sein, weil er sich unter die Führung des Geistes Gottes stellt. In diesem Geist je neu zu fragen, was für diesen Menschen im Blick auf den Dienst und was für den Dienst im Blick auf diesen Menschen gefordert ist – aus einer solchen Haltung heraus darf Gehorsam verlangt werden.

Selbstverständlich gibt es extreme Situationen. Die Erzählung vom Opfer Abrahams ist nicht eine Modell-Erzählung, wie weit ein Mensch gehorsam gegenüber Forderungen eines anderen sein sollte oder sein muss. Hier geht es um eine extreme Situation, und zwar in der Weise, dass die Hingabe an Gott bisweilen ein Opfer bedeuten kann, in dem jemand bis zum Letzten gefordert wird. Abraham wird auf die Probe gestellt: Ist er wirklich bereit, sich der Führung Gottes ganz und gar zu überlassen und auf nichts anderes zu setzen als auf das, was Gott in seiner Liebe weiß? Es ist eine Beispielerzählung, dass man Gott ganz und gar vertrauen kann. So wie Abraham es selbst auf die Frage seines Sohnes Isaak sagte. Isaak fragte: »Hier ist Feuer und Holz. Wo aber ist das Lamm für das Brandopfer?« Abraham entgegnete: »Gott wird sich das Opferlamm aussuchen, mein Sohn« (Gen 22,7–8). Christen lesen diesen Abschnitt auch als Vorausbild der Hingabe Jesu selbst. Gott hat sich in seinem Sohn *den* auserwählt, in dem er sich in seiner Liebe so verschenkt, dass er sogar den Tod am Kreuz vollzieht als einen Akt der vollen Hingabe.

Der Kirche hilft es, wenn alle, die ihr angehören, sich in diese Haltung des letzten Gehorsams einüben: eines Gehorsams, der Liebe ist. Letztlich geht es um die Herausforderung, ob ich Gott ganz vertraue und bereit bin, ihm alles zu schenken. In den Schwestern und Brüdern, die in den Gelübden der so genannten Evangelischen Räte des Gehorsams, der Armut und der Jungfräulichkeit leben, wird deutlich: Die Nachfolge Jesu Christi macht dazu frei, den ganzen Besitz herzugeben, auf Machtausübung und auf die Fähigkeit, durch die Kraft der Sexualität Leben weiterzugeben, zu verzichten, und zwar für das Reich Gottes und den Dienst an den Schwestern und Brüdern. Nur aus dieser Haltung des Liebesgehorsams heraus kommt es nicht zu einer falschen moralischen Forderung, Jesus nachzufolgen. Ginge es nur darum, wäre die Aussage berechtigt: Hier wird zu viel verlangt.

8. Der Geist als Unternehmensberater

Unternehmensberatung hat auch in der Kirche Konjunktur. Manche Firmen haben sich Ansehen erworben, weil sie von kirchlichen Stellen angefragt und ihre Dienste eingekauft wurden. In einer komplizierter werdenden Welt ist professionelle Beratung nichts Schlechtes. Warum sollte sich nicht jemand sagen lassen, wie er seine Kräfte effektiver einsetzen kann, was er eher lassen sollte, um die eigenen Ressourcen besser zu nutzen? Warum sollte das nicht auch für die Kirche und ihre Pastoral gelten? Kirche ist auch ein Unternehmen, in dem Menschen arbeiten und ihr Brot verdienen. Hier ist Kompetenz gefragt. Für bestimmte Aufgaben kommt man um Fachwissen nicht herum. Unternehmensberatung, Coaching, Supervision – was sollte daran schlecht sein? Manchen Gemeinden würde es guttun, sich in Querelen und Konflikten einer guten Beratung auszusetzen.

Andererseits entdecke ich bei meinen Besuchen und Gesprächen in den Gemeinden oft einen Mangel, der für kirchliche Gruppen erstaunlich ist. Miteinander in der Bibel zu lesen und über biblische Berichte zu sprechen, sich auszutauschen, warum der Einzelne glaubt und was daraus folgen könne – das scheint zu fromm zu sein. Bis vor wenigen Jahrzehnten war Bibellesen den evangelischen Christen überlassen. In den Kirchen Afrikas und Lateinamerikas wurden im Laufe der letzten Jahrzehnte großartige Entdeckungen gemacht. Christen treffen sich, lesen eine bestimmte Schriftstelle, tauschen sich darüber aus, was diese Stelle ihnen sagt, und entwickeln daraus Folgerungen für ihr Handeln. Sie suchen ihre Lebenssituation ins Gespräch zu bringen mit dem, was ein Bibeltext erzählt und berichtet. Sie lassen sich vom Wort Gottes führen und leiten, versuchen, seinen Atem zu erspüren, den Geist zu wittern, der aus diesen Worten spricht. So werden sie sensibel dafür, was der Geist ihnen rät. Ob das nicht auch für uns eine Möglichkeit ist?

Bei Firmungen bitte ich immer um den Geist des Rates, den Geist der Stärke, den Geist der Einsicht. Was aber heißt das konkret? Ist der Heilige Geist nur zufällig und nur dann anzurufen, wenn bestimmte Klassenarbeiten oder Examina zu bestehen sind? Ist der Geist nicht in der Tat der entscheidende, der wichtigste Berater des »Unternehmens Kirche«? Wer den Spuren der ersten Jünger Jesu folgt und liest, was Lukas in der Geschichte der Apostel darüber berichtet, erlebt den Geist auf Schritt und Tritt. Ich frage mich oft, was eigentlich gemeint ist, wenn erzählt wird: Paulus zog mit seinen Begleitern durch ein Gebiet und dachte daran, in die nächste Region zu gehen, aber der Geist verwehrte es ihnen, so dass sie eine andere Richtung einschlugen. Was ist hier passiert? Hat sich ihnen irgendein Engel mit einem Schwert in den Weg gestellt? Hatten sie eine Erscheinung? Hörten sie Stimmen? Wahrscheinlich nicht, sondern sie hatten die Nase im Wind des Geistes und spürten: In diese Richtung zu gehen ist besser. Vielleicht sind sie auch Menschen begegnet, wie das Paulus einmal von einem Traum berichtet, in dem er einen Mazedonier sieht, der ihn ruft, nach Europa herüberzukommen. Wie es auch im Einzelfall geschehen sein mag, klar ist: Sie hatten ein Gespür dafür, was ihnen der Geist in dieser Situation sagt. Christen, die sich auf die Spur Jesu begeben, bekommen zunehmend eine Ahnung dafür, was jetzt

»dran« ist. Sie müssen nur ausprobieren, das Wort Gottes miteinander zu teilen.

Ich bin überzeugt, dass die Kirche in unseren Regionen eine großartige Chance hat, den Menschen zu sagen, wie sie ihr Leben mit dem Wort Gottes in Verbindung bringen können. Wir haben aber nur dann eine Chance, wenn wir bereit sind, uns miteinander über das auszutauschen, was der Glaube und das Wort Gottes uns sagen. Der Geist als Unternehmensberater kostet kein Geld, wohl aber Zeit – und viel mehr noch die Bereitschaft, ihm wirklich zuzutrauen, dass er das kann: Rat geben.

Von Papst Johannes XXIII. habe ich einmal eine einfache, aber tiefsinnige Geschichte gelesen. In einem Brief an seine Familie gibt er eine Antwort auf die Frage: Wie machst du das eigentlich, wenn du als Diplomat mit den hohen Regierungsstellen und Beamten sprichst? Papst Johannes antwortete seiner Familie, an solchen Tagen bitte er immer seinen Schutzengel, sich schon einmal mit dem Schutzengel seines künftigen Gesprächspartners in Verbindung zu setzen, damit die beiden Engel das Gespräch etwas vorklären. Ob man nicht aus dem Gebet und dem Heiligen Geist Ähnliches schöpfen kann?

Konkret könnte das für mich so aussehen: Gemeinden laden ein zu Glaubensgesprächen. Die Gruppen treffen sich, beten miteinander, lesen eine Schriftstelle. Jeder kann zu Wort kommen. Man sagt sich gegenseitig, welches Wort am meisten trifft, und kommt darüber miteinander in den Austausch. Da wird der Geist als Unternehmensberater tätig.

9. Surfen im Internet Jesu

Im Internet zu surfen ist heute gang und gäbe. Es kann in Dimensionen führen, die zunächst nicht gewollt sind. Auf einmal steht man mittendrin in einer weiten Welt, verästelt sich immer mehr. Es ist ein Gang, der sich ins Unendliche zu steigern scheint.

Als ich darüber nachdachte, wie man wohl Schriftlesung und Umgang mit der Bibel in eine gängige Formel bringen könnte, fiel mir dieser Vergleich ein. Der Christ, der versucht, in der Spur Jesu zu gehen, ihm nachzufolgen, sich ganz von ihm und seiner Führung bestimmen zu lassen, kommt nicht aus ohne einen ständigen Kontakt mit dem Leben Jesu. Man kann das ganz einfach sagen: Ohne den täglichen Umgang mit dem Wort Gottes, das in der Bibel eine schriftliche Fassung gefunden hat, kann niemand Christ sein. Das muss nicht heißen, dass man jeden Tag Abschnitte aus der Bibel liest. Manch einer lebt eine ganze Woche von einem Satz, den er in der Schriftlesung und in der Predigt am Sonntag gehört hat. Ein anderer zehrt über Wochen und Monate von einem wichtigen Wort, das er sich auf eine Postkarte geschrieben und über den Nachttisch gehängt oder auf den Schreibtisch gestellt hat. Jedenfalls braucht der Mensch etwas zum Kauen, wenn er aus dem Wort Gottes sein Leben gestalten möchte. Er braucht Nahrung und Hilfe.
Wer sich aber intensiver mit Jesus beschäftigt, muss immer wieder neu Kontakt mit ihm aufnehmen. Er muss gewissermaßen immer wieder in die Vernetzung einsteigen, die die Schrift darstellt. Hier begegne ich

Gott in der Geschichte seines Volkes, in der Geschichte Jesu, in der Geschichte der Kirche. Es kann sein, dass jemand tatsächlich durch die Bibel surft, weil er einem bestimmten Begriff nachgeht und dabei entdeckt, wie viele Verästelungen er findet. Er kann anhand eines Wortes immer tiefer vordringen zu dem, was Gott ihm mit diesem Wort sagen will.

Genauso wie ich in einer Freundschaft den anderen immer tiefer kennen lernen will, ist es mit meiner Beziehung zu Jesus. Ich lasse mir erzählen, was ihn bewegt hat, wie er gelebt hat, was ihn bestimmt hat, was er aus welchem Grunde getan hat. Das ist Umgang mit der Heiligen Schrift. Die Geistlichen Übungen des Ignatius sind eine solche Hilfe. Ich soll lernen, Jesus immer mehr zu verstehen, ja ihn sogar immer mehr zu lieben, um ihm noch tiefer zu dienen und damit im Einsatz Gottes die Welt aus seinem Geist zu gestalten (vgl. GÜ 104). Die christliche Seelsorge lebt davon.

Eine wichtige Quelle ist die Liturgie. In ihr begegnet der Gläubige dem Wort Gottes in seinen unterschiedlichen Aspekten und Dimensionen. Wenn man will, kann man das Kirchenjahr mit den unterschiedlichen Festkreisen und Festen, mit dem Gedächtnis der Heiligen, mit der Stundenliturgie und mit der Eucharistie als ein beständiges »Surfen im Internet Jesu« ansehen. So werden die Gläubigen fähig, den Geist Jesu immer tiefer in sich auszuprägen, das, was sie in der Firmung empfangen haben, immer näher zu fassen. Hier kann der Geist der Ein-Sicht sein Werk tun: Er weist in das, was Gottes Geist bewegt, sich so mit der Welt zu beschäftigen. Deshalb kann die christliche Gemeinde nicht leben ohne die Feier der sonntäglichen Eucharistie. Eine große Hilfe ist es, jeden Tag durch die Eucharistie oder durch eine Wort-Gottes-Feier den

Gläubigen die Möglichkeit zu bieten, mit Jesus in Kontakt zu bleiben. Früher hat man gesagt: Alle Seelsorge geht vom Altar aus. Oft wurde das sehr einseitig verstanden, als bestünde die Seelsorge einzig und allein in der Feier der Messe. Man kann es auch richtig verstehen: Vom Tisch des Wortes und des Brotes kann die Seelsorge sich prägen lassen. So wird der Geist gewissermaßen von selbst zum Berater und Ratgeber der Kirche und ihrer Mitglieder.

In den letzten Jahren sind in vielen Gemeinden Exerzitien des Alltags angeboten worden (vgl. GÜ 19). Ich selbst habe solche Exerzitien des Alltags mehrfach begleitet. Es ist eine erstaunliche Erfahrung, wie Menschen sich einlassen, immer mehr ihr Leben mit dem Wort Gottes in Berührung und in Verbindung zu bringen. Auch so kann ein echtes Netz entstehen, in dem Menschen sich durch das Wort in seinen verschiedenen Ausprägungen gehalten wissen und zum Leben finden. Der Ruf Jesu an seine Jünger, sie zu Menschenfischern zu machen, erhält von daher eine eigene Bedeutung: Menschen werden in das Wort Gottes hineingefangen, um auf diese Weise tiefer ins Leben hineinzusteigen. Im griechischen Text des Neuen Testamentes steht für »Menschenfischer« ein Ausdruck, der wörtlich meint: Fischer ins Leben. Genau das will die Seelsorge in der Kirche: Menschen hineinnehmen in das Wort des Lebens. Jesus selbst sagte in seinen Abschiedsreden: »Das aber ist das ewige Leben, dass sie dich, den allein wahren Gott, erkennen und den, den du gesandt hast, Jesus Christus« (Joh 17,3).

10. Wellness und Leiden

Wer sich mit Jesus abgibt und ihn näher kennen lernt, wird die Erfahrung machen: Bei ihm ging es nicht einfach um ein oberflächlich geglücktes Leben. Leben mit Jesus bedeutet: kennen lernen, wie stark er gelitten hat. Leid aber entspricht nicht dem Lebensgefühl vieler Menschen. Kein Mensch möchte leiden. Und doch: Wer einen anderen liebt, behauptet, er könne ihn gut leiden.

Leiden ist eine Größe, die zu unserem Leben gehört. Wie viel elende Krankheiten gibt es! Viele Menschen müssen schon früh an Krebs leiden. Immer wieder begegne ich Krankheitsgeschichten von Menschen. Manchmal führe ich an einem Abend viele Telefonate, durch die ich an leidvollen Lebensgeschichten teilhabe. Beim Gang durch die Stadt oder auf Fahrten durch das Bistum sehe ich eine andere Welt: Plakate der Werbung zeigen strahlende Gesichter, fitte und schöne Menschen. Es ist eine Welt voller Versprechungen, mit dem Trend, sich immer wohler zu fühlen. Wellness ist ein fast unüberbietbares Schlagwort, und viele sind bereit, für ihr Wohlfühlen viel Geld zu bezahlen. Beschwernisse des Alters, Lasten des Lebens werden verdrängt. Der Sun-Point tritt in den Vordergrund. Fitness, Sauna, Ferien unter strahlender Sonne: Das alles soll Leiden, seelisches und leibliches, vermindern, kann es aber letztlich nicht verdrängen. Viele machen die Erfahrung: Auf der Jagd nach Wellness wird das Leiden noch vermehrt.

Ignatius lädt ein, das Leben Jesu zu betrachten. Er bleibt dabei ein großer Realist. Er stellt die Menschen vor die Erfahrung: Im Leben Jesu gab es Leiden. Jesus hat den Tod auf sich genommen, ist gestorben und begraben worden. Indem der Beter eingeladen ist, auch diese Seite im Leben Jesu zu bedenken (GÜ 190ff.), kann er erfahren: In deinem Leiden bist du nicht allein. Gerade dort begegnest du dem Gesicht eines Gottes, der dein Bruder in dieser Situation geworden ist. Das gibt Trost, das gibt Hoffnung. Das stärkt, solche Situationen im Glauben anzunehmen und durchzustehen.

Ignatius nimmt bewusst eine eigene Blickrichtung ein. Er zeigt: Wer Jesus nachfolgt, kommt am Leiden nicht vorbei. Ausgerechnet dieser gute und gerechte Mensch stößt auf Widerstand. Es gibt Kräfte in der Welt, die genau diese Güte nicht wollen, sondern auszumerzen versuchen. Immer wieder erleben Menschen dies. Ich denke an manche Lebensgeschichten von Heiligen: Viele setzten sich bewusst für das Evangelium ein und erlitten deshalb Widerstand. Ignatius lädt den Beter ein, sich dieser Wirklichkeit zu stellen. Er lädt ein, so mit Jesus verbunden zu werden, dass man bereit ist, für ihn Schmerzen zu ertragen und zu leiden, weil man sein Jünger sein will.

Dabei öffnet sich der Blick auf eine Wirklichkeit des Glaubens, die nicht unmittelbar eingängig ist: Ich kann sogar das, was ich erleide, einem anderen zugutekommen lassen, weil ich es im Geiste Jesu ertrage. Ich nehme bestimmte Leiderfahrungen auf mich, weil ich es für einen anderen tun will. Das geht nur aus der festen Überzeugung, durch Jesus mit vielen Menschen verbunden zu sein und die Liebe auszudehnen auf eine Hingabe, die Grenzen übersteigt, weil sie auch im Leiden noch gegenwärtig ist. Ein sprechendes Beispiel ist für mich der heilige Maximilian Kolbe, der statt eines Familienvaters in den Hungerbunker von Auschwitz ging. Auch in der Gestalt der seligen Mutter Teresa von Kalkutta spricht mich leibhaftig diese Liebesgestalt des Christen an. Sie sprach davon, dass man lieben könne, bis es weh tue.

Ein bürgerliches Christentum will Wellness. Eine christliche Gemeinde, die sich ständig mit dem Geist des Evangeliums auseinandersetzt, wird sensibel für die Wunden in der Gesellschaft und ist bereit, für die Gerechtigkeit einzutreten, Widerstand auf sich zu nehmen und sich unbeliebt zu machen. Je mehr unsere Gemeinden Orte des Glaubens und des Glaubensgespräches sind, umso mehr werden sie fähig, an die Wurzel der Übel unserer Gesellschaft zu gehen und nicht bloß eine oberflächliche Nächstenliebe zu betreiben und gesellschaftspolitisch das nachzusprechen, was schon viele andere sagen. Dazu braucht es aber eine innere Stärke. Wenn die Eucharistiefeier in unseren Gemeinden, gerade am Sonntag, immer mehr ausblutet, werden auch die Christen kein Blut mehr haben, das sie für eine Erneuerung der Welt zur Verfügung stellen können. Deshalb bedarf es eines ständig neuen Hinführens zu dieser Quelle.

In der Tradition des heiligen Ignatius hat sich in besonderer Weise die Verehrung des Herzens Jesu herausgebildet. Für viele Menschen sind damit kitschige Bilder verbunden. Schauen wir aber auf den Kern der Sache, dann entdecken wir eine Quelle, aus der wir schöpfen können: Jesus hat wirklich sein Herz vollständig ausbluten lassen, sich ganz für uns hingegeben, so dass wahrhaftig dieses Herz als Brandherd der Liebe bezeichnet werden kann. Eine neue Form, das Herz Jesu zu verehren, würde das Menschsein Jesu nahebringen und sogleich eine Tür eröffnen, herzlicher zu werden: von Herzen Christ zu sein und den Glauben zur Herzenssache werden zu lassen.

11. Liebe ist nicht nur ein Wort

Es gibt einen Song, den ich immer wieder bei Gottes-
diensten höre: »Liebe ist nicht nur ein Wort. Liebe, das
sind Worte und Taten.« Wer wüsste das nicht?! Es ist
immer unangenehm, wenn einer nur von Liebe redet
und damit ein Gefühl meint, das nicht länger hält als
ein paar Stunden. Jemand sagte, das Wort »Gott« sei das
missbrauchteste Wort der Welt. Ähnliches kann man
von der Liebe sagen. Die große Entdeckung des Christentums für die Welt ist: Gott ist Liebe. Liebe und Gott
gehören so zusammen, dass sie identisch sind. Gott ist
Liebe. Besser lässt sich nicht zusammenfassen, was der
Glaube an Jesus besagt. Das ist aber nicht einfach ein
Wort, auch nicht nur eine Tat, sondern das Leben Jesu.
Er zeigt: Gott teilt sich ganz mit. Gott begibt sich in die
Kommunikation mit der Welt und wartet darauf, dass
auch die Menschen in diese Kommunikation eintre-
ten. Gott spricht weniger, als er tut. Er gibt nämlich
sein ganzes Leben hin, um zu zeigen: Ich kann von dir,
Mensch, nicht lassen. Damit eröffnet er eine Quelle,
aus der ich selbst ein liebender Mensch werde. Je mehr
ich Jesus betrachte, je mehr ich mich in seinem Leben
bewege und aufhalte, umso mehr werde ich die Liebe
erlangen und von seinem Geist durchdrungen sein,
desto mehr trete ich in seine Atmosphäre ein und werde ein Mensch für andere. Man muss sich nur einmal
für einen kurzen Augenblick ausdenken, was es bedeuten würde, wenn alle Menschen ihren Egoismus aufgä-
ben und ganz liebten. Sollte das wirklich nur ein Traum
sein, oder kann es nicht doch, wenigstens ansatzweise,
zur Wirklichkeit werden?

Genau das ist die Aufgabe einer christlichen Gemeinde. Durch die Begegnung mit dem Wort Gottes, durch die Feier der Eucharistie, durch den Austausch kommen Christen immer mehr dazu, Zeugen der Liebe Gottes zu werden. Das geht eigentlich von selbst, wenn ich mich einmal in diese Bewegung hineingestellt habe.

Ignatius gibt dazu ein paar wichtige Hinweise. Er lädt ein, einfach zu schauen, wie Gott mich beschenkt hat mit seiner Schöpfung, im Werk Jesu mit der Erlösung und mit den Gaben, die ich als besonderen Schatz meines Lebens ansehen darf (GÜ 234). Ich kann auch hingehen und anschauen, wie Gott mit seiner Kraft gegenwärtig ist in allen Geschöpfen. So verleiht Gott den Elementen Dasein, den Pflanzen wachsendes Leben, den Tieren sinnliches Fühlen, den Menschen geistige Einsicht. Auch mir ist Dasein gegeben. Ich bin durchseelt, meine Sinne sind erweckt, ich habe sogar Einsicht in geistige Zusammenhänge. Als Christ darf ich die Gnade erwägen, Bild Gottes zu sein und durch die Kraft des Heiligen Geistes mich wie einen Tempel Gottes ansehen zu dürfen (GÜ 235).

Ich kann diese Liebe Gottes auch noch auf andere Weise betrachten: Ich schaue, wie Gott sich anstrengt und müht, damit ich am Leben bleibe und die Welt weiter existiert. Ignatius spricht von Gott als von jemandem, der mühselige Arbeit verrichtet (GÜ 236). Kann man nicht das Leiden und Sterben Jesu als eine solche mühselige Arbeit, ja als mühselige Liebe verstehen? Ich kann mir vorstellen, dass Gott das alles für mich getan hat. Das kann in tiefe Verwunderung führen, Dankbarkeit hervorrufen, mich zum Loben animieren.

Von Gott her kommt alles Gute, so wie von der Sonne die Strahlen herabsteigen, wie vom Quell die Wasser fließen (GÜ 237). Wenn ich das alles erwäge und auf mich zurückbeziehe, dann stehe ich wie von selbst vor der Frage: Wie kann ich darauf antworten? Ich bin herausgerufen zu vertrauen und mich ihm anzubieten. Wer sich das sehr nahegehen lässt, der ist fast berauscht und wagt es, Gott alles anzubieten, was Gott ihm geschenkt hat (GÜ 234). Ich kann Gott alles zurückgeben, sei es mein Gedächtnis, meinen Verstand, meinen Willen, meine ganze Freiheit, die kostbaren Beziehungen meines Lebens, meinen Leib und mein Leben, meine Sexualität und meinen Besitz. Ich weiß: Wer so gut ist wie Gott, der raubt mir nichts. Wenn ich diesem Geber alles Gute zurückgebe, dann wird er das nehmen, was er braucht, aber er wird mich deshalb nicht betrügen. Im Gegenteil: Ich kann ihn sogar frei darum bitten, dass er mir »nur« seine Liebe und Gnade schenkt. Ich bin dann reich genug und brauche nichts mehr zu erbitten. Ich spüre: Liebe ist hier nicht nur ein Wort, sondern die Mitteilung meines ganzen Lebens an ihn. Ich kann mehr und mehr lernen zu beten: »Jesus, dir leb ich, Jesus, dir sterb ich, Jesus, dein bin ich im Leben und im Tod.«

Eine Gemeinde will helfen, dass schon die Kinder nicht um Gott betrogen werden. Deshalb ist das Bemühen um die Vorbereitung auf die erste heilige Kommunion in den Gemeinden ein Mühen, sie zu einer tiefen Liebe zu Jesus zu führen. Kinder haben dafür einen ganz besonderen Sinn. Es ist möglich, dass Menschen am Ende ihres Lebens, wenn sie auf dem Sterbebett liegen, plötzlich auf die Grundgebete zurückgreifen, die sie in der Kindheit gelernt haben. Deshalb brauchen diese Gebete Substanz. Das Gebet »Jesus, dir leb ich« ist ein solches. Der große Lieder-

dichter und Jesuit Friedrich von Spee hat ein Weih-
nachtslied verfasst, das in unseren Gemeinden nicht
verloren gehen darf: »Zu Bethlehem geboren ist uns
ein Kindelein.« Dort heißt es: »In seine Lieb versen-
ken will ich mich ganz hinab. Mein Herz will ich ihm
schenken und alles, was ich hab.«

12. Schule des Betens

Der Titel klingt ungewöhnlich. Entweder kann ich beten oder nicht. Alle Religionen kennen Gebetsäußerungen. Für viele Menschen ist das Gebet ein Aufsagen von Texten, die ihnen zum großen Teil nichts sagen. Die Geistlichen Übungen sollen helfen, beten anders zu verstehen. Beten ist Ausdruck einer Beziehung, ist Gespräch von Liebenden. Wer mit Jesus in Kontakt tritt und sich mit ihm austauscht über sein Leben, lernt, sein Leben mit einer großen liebenden Aufmerksamkeit zu sehen. Aus den Geistlichen Übungen habe ich gelernt, am Ende eines Tages innezuhalten und diesen vergehenden Tag noch einmal anzuschauen (vgl. GÜ 43). Ich kann dabei zunächst ganz unmittelbar erkennen, was schön war, und dafür spontan danken. Wenn ich dabei verweile, verkoste ich geradezu, was mir in meinem Leben zuteil geworden ist, gerade an diesem Tag. Ich bin sogar in der Lage, in düsteren und dunklen Tagen, an denen kaum die Sonne durchgebrochen ist, Momente zu entdecken, an denen es Lichtblicke gab. Eine Begegnung mit einem Menschen, ein Anruf, einige Sätze in einem Brief, eine Geste liebender Zuwendung, auch die Erfahrung, an einer Stelle nicht mit Wort und Tat zurückgeschlagen zu haben, wo man es spontan vielleicht erwartet hätte – all diese Erfahrungen kann ich am Abend eines Tages dankbar »einsammeln«. Je mehr ich diese Übung mache, umso sensibler werde ich für das, was sich an einem Tag ereignet.

Ich kann einen zweiten Schritt tun: Ich sage Jesus, er möge mir zeigen, was heute nicht in seinem Sinn war.

Dann gehe ich den Tag noch einmal langsam durch und entdecke Schwachpunkte und auch Orte, wo ich seiner Liebe nicht genügt habe; ich sehe Orte, wo ich ihn wirklich verletzt habe, weil ich zum Beispiel einen anderen Menschen nicht gerecht behandelt habe. Früher nannte man diese Übung Gewissenserforschung. Schaue ich mit liebender Aufmerksamkeit auf den Tag, bin ich in Verbindung mit Jesus in der Lage, auch die schwachen Seiten meines Lebens zu sehen und ihn zu bitten, dass er sie mir tiefer zeigt und entdecken hilft. Weil er barmherzig ist, kann er sie mir zumuten. Wenn ich ihn dann bitte, mir zu verzeihen und zu helfen, am anderen Tag stärker in seiner Liebe zu sein, wird dieses Gebet nicht fruchtlos bleiben.

In der Begegnung mit Jesus spüre ich auch: Er führt mich weiter. Er gibt mir von seinem Geist, aber er führt mich auch zu dem, der die Quelle dieses Geistes ist, zu seinem Vater. Ich entdecke dabei: Jesu Vater ist mein Vater. Gott ist Vater. Das will Jesus mir zeigen. Er möchte mich einladen, dass ich mich diesem Vater anvertraue, so wie er das ein Leben lang getan hat. Eine gute Schule, dies zu lernen, ist das Gebet, das Jesus seine Jünger gelehrt hat: das Vaterunser. Es enthält die wesentlichen Anliegen Jesu und den Kern seiner Botschaft:

— dass Gott Vater ist;
— dass er der Vater meiner Schwestern und Brüder ist und nicht nur mein Vater;
— dass sein Name kostbar ist und ihm Ehre gebührt, so wie der Name eines Freundes in meiner Gegenwart nicht geschmäht werden soll;
— dass sich das Gottesreich durchsetzen soll, damit die Erde gut wird; daher ist es wichtig,

- dass Gottes Wille überall geschieht, im Himmel wie auf Erden;
- dass wir leben von dem Brot, das wir täglich brauchen, dem Brot für den Leib, dem Brot der Liebe;
- dass uns viel geschenkt wird, wenn Gott uns vergibt und wir einander vergeben;
- dass wir bewahrt werden vor der Versuchung, uns von Gott zu trennen;
- dass Gott uns von allem Bösen erlöst.

Wer sich seinem Reich, seiner Kraft, der Herrlichkeit und Wucht seiner Liebe anvertraut, der ist gut aufgehoben, der ist gut »aufgestellt«. Er erfährt: Der Heilige Geist gibt den Takt an, in dem unser Leben verläuft: Mitarbeiterinnen und Mitarbeiter im Einsatz Gottes zu sein.

Die christliche Pastoral ist auf den einfachen Nenner zu bringen: die Menschen hinzuführen, dass sie das Vaterunser von ganzem Herzen mitbeten. Dazu gibt der heilige Ignatius gute Anweisungen. Er schlägt nämlich vor, die einzelnen Sätze und Worte dieses Gebetes nach und nach zu betrachten, sie gewissermaßen so wiederzukäuen, wie es im Augenblick möglich ist und wie man ein Stück Brot immer wieder im Mund hin und her bewegt, bis es für diesen Augenblick genug ist (GÜ 249ff.). Wer sich in diese Worte hineinversenkt, findet sich bei Jesus wieder. Ihm war daran gelegen, Gottes Reich auf diese Erde zu bringen. Er wollte nichts anderes tun, als im Gehorsam den Willen des Vaters zu erfüllen. Das hat ihn Schmerz und Leid gekostet, wie sein Ringen am Ölberg und sein Schrei am Kreuz zeigen. Er weiß, was es heißt, in Versuchung geführt zu werden. Und am eigenen Leib erfuhr er, dass, wer auf Ansehen und

Macht und auf die bloße leibliche Befriedigung setzt, von Gott abfällt.

Wer das Vaterunser betet, geht an den Wunden der Gesellschaft nicht vorbei, und es ist ihm nicht gleichgültig, ob in der Welt Friede oder Krieg herrscht. Wer das Vaterunser betet, der lebt Vergebung. Er spürt: Unsere Welt braucht Vergebung und Verzeihung. Nur so ist Friede möglich. Er wird auf dem Weg der Vergebung und der Versöhnung gehen, selbst wenn es ihn manches kostet.

Wer das Vaterunser betet, lebt das Evangelium. Für ihn sind die Geistlichen Übungen eine Schule des Gebetes. Ja, das Vaterunser ist eine Schule des christlichen Lebens. Wer das Vaterunser betet, lernt zu unterscheiden, was christlich ist.

13. Unterscheiden:
Es gibt feine Unterschiede

Schon im Alltag wissen wir, dass es in vielen Dingen feine Unterschiede gibt. Ob ich in ein Fast-Food-Restaurant gehe oder in ein Nobelhotel, das ist schon ein Unterschied, nicht nur des Geldes, sondern auch des Angebotes wegen. Ich kann ein Essen so oder so zubereiten. Ich kann mir diese oder jene Kleidung kaufen. Es gibt feine Unterschiede, ob ich mit einem Menschen zusammen bin, der eher grob ist, oder mit einem Menschen, der sehr sensibel ist. Unterscheidung gehört zu unserem Leben. Schon die Kinder lernen zu unterscheiden zwischen dem, was ihnen nützt, und dem, was ihnen schadet. Christliche Eltern erziehen ihre Kinder so, dass sie dem Bösen keinen Raum geben und stattdessen dem Guten folgen. Ein Kind lernt den Unterschied zwischen lieben und bösen Menschen.

Die Geistlichen Übungen wollen eine Schule des Gebetes sein, weil diese Schule eine Schule der Unterscheidung wird. Immer wieder merken wir, dass es notwendig ist zu unterscheiden: Was ist dem Leben förderlich, was schadet ihm? In der Debatte der modernen Biowissenschaften wird das sehr deutlich. Viele Menschen behaupten, man könne Embryonen züchten, weil man dadurch Leben rette. Die Kirche mit ihrem Widerstand wird dann als altmodisch und als Institution, die den Fortschritt hemmt, angesehen. Ebenso ist es in der Frage der Abtreibung und in der Frage der aktiven Sterbehilfe, in der Frage des Umgangs mit der Atomenergie und vielem anderen. Gerade in sexual-moralischen Fragen erleben Menschen Kirche als einengend und nicht befreiend. Auch in unseren Gemeinden gilt oft das Plausible, das Gängige schon als das Christliche. Wenn es dann jemand wagt, einmal darauf hinzuweisen, dass hier näher hingesehen werden muss, steht er in der Gefahr, als konservativ und altmodisch abgetan zu werden. Es komme doch auch darauf an, dass Kirche sich dem Zeitgeist annähert, wenn auch nicht vollständig anpasst. Auf jeden Fall: Unterscheidung tut not. Was ist christlich? Was ist nicht mehr christlich, auch wenn es angeblich christlich zu sein scheint?

Je mehr einer in der Schule Jesu ist und versucht, aus dem Vaterunser zu leben, umso sensibler wird er für diese Unterscheidung. Ignatius hat davon gesprochen, dass es gröbere und feinere Seelen gibt. Vielleicht machen manche in den Gemeinden diese Erfahrung. Dann kommt es darauf an, dass gerade die feineren Seelen, die mitunter auch sehr darunter zu leiden haben, in großer Geduld und Sensibilität die anderen mitnehmen und allmählich in ein tieferes Verstehen hineinführen. Es gibt eine Reihe von Regeln, die Ignatius zur Unterscheidung aufgestellt hat. Es geht ihm um Hilfen, den Geist Jesu besser zu verstehen. In Entscheidungssituationen habe ich mir oft zu eigen gemacht: Alles, was Druck ausübt und mir den Atem raubt, kann nicht vom Heiligen Geist sein. Alles aber, was mich innerlich nicht ruhig sein lässt und mich immer tiefer zum Guten treibt, auch wenn ich es jetzt als schwer empfinde, kommt von ihm. Von einem guten geistlichen Lehrer habe ich eine Ansammlung von Regeln empfangen, aus denen ich hier einige zitiere: *Im Allgemeinen* und *in der Regel* kommt nicht vom Geist Gottes und ist also *nicht* Wille Gottes:

1. was über meine Kräfte geht, was mich permanent überlastet und überfordert;
2. was übertrieben und maßlos anmutet, Aufsehen erregt und sensationell auf mich und andere wirkt;
3. was ich nur mit dauerndem Widerwillen und Ekel tun kann;
4. was kleinlich, haarspalterisch und spinnig wirkt;
5. was ausgesprochen lieblos ist und sich für mich und andere destruktiv auswirkt;
6. was nicht zu der Art und Handlungsweise Jesu passt;
7. was in mir den Sinn für das Gebet und die Freude daran raubt.

Im Allgemeinen und *in der Regel* spricht *für* die Herkunft vom Geist Gottes:

1. wenn mir für eine betreffende Sache gute Motive zur Verfügung stehen;
2. wenn mir auch die nötige Zeit und Kraft dafür gegeben ist;
3. wenn sich etwas »wie von selbst« mir nahelegt;
4. wenn die Sache auch ästhetisch schön und ansprechend ist;
5. wenn ich mir gut vorstellen kann, dass auch Jesus so entscheiden und handeln würde;
6. wenn ich mich bei einer Sache »in guter Gesellschaft« befinde (vgl. »Leben der Heiligen«);
7. wenn eine Sache in mir Glaube und Vertrauen herausfordert;
8. wenn sie der Liebe dient und Ausdruck der Liebe ist, die Liebe stärkt.

Ein gutes Hilfsmittel ist auch die Erfahrung, wie Menschen auf mich reagieren, wenn ich auf wunde Punkte aufmerksam mache. Jesus spricht selber davon, dass es manchmal notwendig ist, das Finstere aufzudecken, damit es vom Licht angestrahlt wird. Das kostet aber Kraft. Unbequeme Wahrheiten zu sagen ist nicht einfach. Je mehr ein Mensch sich hineinbegibt in die Lebensweise Jesu, umso mehr muss er damit rechnen, vom Bösen angefochten zu werden, und zwar nicht nur von außen, sondern auch von innen her. Der geistliche Weg ist nie ein Spaziergang. Deshalb ist es notwendig, ein Leben lang daran zu arbeiten. Ob ich auf den Widerstand und das Leid resigniert, beleidigt oder sogar verbissen reagiere, ist etwas anderes als wenn jemand zu einer noch größeren Freiheit der Liebe geführt wird. Gerade daran zeigt sich, ob es Leiden um Jesu willen ist oder Leiden, das sich in Gedanken fälschlicherweise verbohrt hat. Eine gute Hilfe für den Weg des Christen ist deshalb die geistliche Begleitung durch eine Schwester oder einen Bruder im Glauben.

14. Wie kann ich in einer tiefen Liebe Gutes tun?

Je sensibler jemand durch den Geist des Exerzitienbuches, genauer gesagt, durch die Betrachtung des Lebens des Herrn geworden ist, umso mehr wird er in den einzelnen konkreten Lebensweisen und Verhaltensformen zur inneren Unterscheidung gedrängt. Am stärksten gilt das im Blick auf das Gebot, das die Christen vor allem auszeichnet: das Gebot der Nächstenliebe. Ignatius geht davon aus, dass sich hier die innere Unterscheidung besonders mächtig auswirkt. Als Beispiel nimmt er das Verteilen von Almosen.

Die klassische Trias, die wir immer zu Beginn der Fastenzeit im Evangelium des Aschermittwochs hören, betrifft Gebet, Fasten und Almosen. Jesus nimmt in der Bergpredigt ausdrücklich Stellung dazu. Das Exerzitienbuch ist eine Anleitung zum rechten Beten. Deshalb kommt Ignatius von selbst auf die verschiedenen Weisen des Betens zu sprechen (GÜ 238–260). Er spricht ausdrücklich von der Ordnung beim Essen (GÜ 210–217), während er die Gebetsformen ans Ende der vierten Woche setzt. Bevor er die einzelnen Punkte zu den Betrachtungen des Lebens Christi darlegt, setzt er die Fastenregeln ans Ende der dritten Woche, in der die Passion Jesu betrachtet wird. Die Regeln für den Dienst der Almosenverteilung setzt er eher gegen Ende des Exerzitienbuches. Mir scheint, dass die dort genannten Regeln zur Unterscheidung, zum Umgang mit den Skrupeln, zum Fühlen mit der Kirche und auch zum Almosenverteilen etwas mit der pastoralen Ausrichtung der Exerzitien zu tun haben. Außerdem weisen sie auf etwas sehr Grundlegendes hin: Je mehr einer sich geübt hat, aus dem Wort Gottes zu leben, umso feinfühliger wird er in der Liebe.

Hinter diesem Gedanken steckt eine ganz einfache, geradezu alltägliche Erfahrung: Unsere Liebe ist nie rein und lauter. Immer ist sie durchsetzt von egoistischen Zügen. Selbst in der tiefsten Beziehung einer Ehe oder einer Freundschaft wird es immer sublime egoistische Seiten geben. So kann sich z. B. auch das Geben von Almosen äußerlich als einen Akt der Hingabe, des Schenkens verstehen. Innerlich kann aber oft die Liebe fehlen. Paulus wusste davon, als er im Hohen Lied der Liebe (1 Kor 13) ausdrücklich darauf hinwies und betonte: »*Und wenn ich meine ganze Habe Stück für Stück verteile, und wenn ich meinen Leib zum Verbrennen ausliefere, doch Liebe habe ich nicht – nichts nützt es mir*« (3). Hier wollen die Regeln, die Ignatius formuliert, helfen. In immer neuen Varianten geht es ihm um selbstloses Handeln.

Grundlegend ist, dass die Liebe, »*die mich bewegt und das Almosen geben lässt,*« eine Liebe ist, die »von oben« kommt. Es ist nicht einfach eine natürliche Kraft, es ist nicht der Hang, einem anderen Gutes zu tun. Es ist die Liebe Christi, die einen Menschen erfüllt. Es kann durchaus sein, dass der Geber eine mehr oder weniger große Liebe den Empfängern gegenüber verspürt. Das ist alles natürlich und menschlich. Entscheidend ist aber, dass ich den Akt der Liebe »um Gottes willen« tue. Der Grund, der mich bewegt, einzelne Personen mehr zu lieben und anderen vorzuziehen, kann nur der sein, dass Gott in dieser Liebe »hervorstrahlt«, wie Ignatius sich ausdrückt. Liebe ich sie um meinetwillen, liebe ich sie, weil ich hier die Kraft Gottes spüre? Deshalb sollte sich jemand gerade gegenüber Personen, von denen er sich besonders angezogen fühlt, eher zurückhalten und nachprüfen, ob hier ein egoistischer Zug zum Almosengeben drängt oder nicht. Vielleicht klingt das ungewöhnlich. Jeder weiß jedoch, wie sehr er mit einer guten Tat einen anderen von sich abhängig machen kann. Dann aber verliert die gute Tat ihren Wert, weil sie den anderen nicht mehr freilässt.

Christliches Tun ist immer Liebe Gottes, die in meinem Tun hervorstrahlt. Christliche Liebe ist deshalb nicht anstrengend. Sie schenkt Freiheit. Sie lässt die Liebe, die im Heiligen Geist geschenkt wurde, einfach frei strömen hin zu dem Menschen, der sie empfangen soll. Je mehr jemand mit Christus verbunden ist, umso mehr kann er lieben, ohne auf Sympathie und Antipathie zu achten. Je mehr jemand mit Christus verbunden ist, umso reiner leuchtet das christliche Tun der Nächstenliebe, z. B. das Almosengeben, auf.

Es ist schön zu sehen, wie Ignatius diesen Gedanken konkretisiert. Er schlägt vor, sich einen Menschen vorzustellen, den man noch nie gesehen oder gekannt hat und dem man das Beste wünscht. Dann nämlich wünscht man ihm, dass er bei der Verteilung der Almosen innerlich ausgeglichen ist und die größere Ehre Gottes ebenso beachtet wie das Heil seiner Seele. Wer sich einen solchen Menschen vorstellt, weiß, wie Almosen zu verteilen sind. Durch diese Vorstellung sind die Regel und das Maß zu erhalten, die richtig sind, um den Dienst der Liebe zu tun. Es geht nicht einfach um das eigene Heil, sondern es geht um die Ehre Gottes – und deshalb geht es um das eigene Heil nicht als egoistisches Streben, sondern als Leben aus der Liebe. Nur so kann jemand das eigene Heil erlangen.

Ignatius macht es noch radikaler: Er schlägt vor, sich die eigene Todesstunde vorzustellen und dabei zu sehen, wie man es eigentlich richtig machen wollte, wenn man dem anderen Gutes erwies. Hier fallen alle Schranken, auch die des sublimsten Egoismus. Hier steht man ungeschminkt vor der Wahrheit, dass man oft genug nur sich selbst gesucht hat. Eine solche Sichtweise kann zurückwirken auf die Art und Weise, dem Nächsten Gutes zu tun. Denselben Gedanken erwägt Ignatius, wenn er vorschlägt, statt der Todesstunde sich vorzustellen, wie man vor dem göttlichen Richter steht.

Wie viel Ignatius an den Menschen liegt und wie sehr er pastoral denkt, ist vor allem daran zu merken, wie er auf die blickt, die reich sind und viele Güter haben: Wie viel soll jemand für sich behalten? Wie viel darf er für sich verwenden? Wie viel muss er geben? Die Regeln und Hinweise, die er vorgeschlagen hat, können zu einer echten Entscheidung und zu einem inneren Gleichmaß führen. Allerdings liegt man in jedem Fall richtiger, wenn man sich im Blick auf die eigene Person und den eigenen Haushalt eher einschränkt.

Letztlich geht es Ignatius darum, »sich Christus unserem Herrn immer mehr anzunähern«. Er bezeichnet ihn in diesem Zusammenhang als Hohen Priester, als Vorbild und als Regel. Der Hohepriester ist der, der sich ganz verschenkt – und zwar an Gott. Jesus ist dies in der Wirklichkeit seines Kreuzes. Er ist das tiefste Vorbild für die sich hinschenkende Liebe. Je mehr jemand ihn kennen lernt, umso mehr wird Jesus für ihn zur inneren Regel.

Jesus nachzufolgen wird gerade im Almosengeben ganz konkret. Caritas ist ein Grundvollzug der Kirche.

Sie kann äußerlich bleiben, wenn sie nicht von der inneren Liebe Jesu getragen ist. Dann ist sie leer. Wird Jesus aber zur Regel und zum Vorbild, leuchtet in der Caritas Gott selber auf: Deus caritas est.

In den Geistlichen Übungen steht der provokante
Satz: »Wir müssen, um in allem das Rechte zu treffen,
immer festhalten: Ich glaube, dass das Weiße, das ich
sehe, schwarz ist, wenn die hierarchische Kirche es so
definiert« (GÜ 365). Das ist ja ein Hammer! Was weiß
ist, ist weiß, was schwarz ist, ist schwarz, völlig unabhängig davon, was die Kirche meint. Was meint der
heilige Ignatius mit diesem verstörenden Satz? In ihm
zeigt sich seine tiefste Überzeugung von der Kirche.
Er sieht sie zuerst als die wahre Braut Christi, die heilige Mutter. Er scheut sich nicht, diese Braut Christi
mit der hierarchischen Kirche gleichzusetzen, ohne
dass er damit nur die kirchlichen Amtsträger als Kirche
ansieht. Ist die Kirche Braut Christi, ist sie mit Jesus
verbunden und von seinem Geist belebt. Lasse ich
mich vom Geist führen, bin ich in diesem Geist. Es ist
der Geist, der das Volk Israel geführt hat. Es ist der
Geist, der die zehn Gebote geschenkt hat, die Leben
fördern. Er ist es, der das Leben Jesu angetrieben und
geleitet hat. Er ist die Gabe, die Jesus seinen Aposteln
verheißen hat, damit sie in die Welt gehen, um von
ihm zu predigen. Er ist es, der Jesus und die Kirche zu-
sammenhält. Der Heilige Geist wirkt aktiv bis zur
Stunde. Er ist es, der jeden einzelnen Christen leitet
und führt, genauso wie er Jesus und die Kirche eint. In
diesem Geist allein ist es möglich, dass die Kirche die
Wahrheit Jesu finden und erkennen kann. Er ist die
Kraft, die immer tiefer hineinführt, um die Wahrheit
Jesu zu erkennen. Daran zu glauben hilft, mit der Kir-

che zu leben, selbst wenn ich bestimmte Wirklichkeiten überhaupt nicht verstehe, selbst wenn sie mir dunkel und schwarz vorkommen, ich sie auch recht seltsam finde.

Aus dieser Haltung heraus hat Ignatius den Betenden angeleitet, nicht in erster Linie zu kritisieren und zu tadeln, was an der Kirche schlecht ist, sondern zu loben, was der Herr der Kirche geschenkt hat. So kann ich auch Wahrheiten aufnehmen, die mir beim ersten Zuschauen verborgen sind. Wir sind eher geneigt, die Kirche zu tadeln – und es gibt wahrlich genug zu tadeln. Sehe ich in ihr aber die Braut Jesu Christi, werde ich ganz anders mit ihr umgehen. Ich werde verständnisvoller, sensibler, diskreter, aufmerksamer. Ja, ich kann sogar glauben, dass in der Hostie auf dem Altar nach der Wandlung nicht mehr Brot, sondern Jesu Leib gegenwärtig ist. Das, was wie Brot aussieht, wie Brot schmeckt und sich anfühlt, ist jetzt nicht mehr Brot, sondern Jesus Christus selbst.

Ich kann glauben, dass ein junger Mensch, der vielleicht von anderen als Ekel angesehen wird, durch die Firmung ein geistbegabter Mensch wird. In diesem Augenblick erkenne ich: Das, was ich als schwarz sehe, ist weiß. Noch klarer wird dieser Zusammenhang beim Sakrament der Buße: Ein Mörder empfängt in der Lossprechung die Vergebung seiner Schuld. Schwarz ist weiß!

Hier wiederholt sich eine Grunderfahrung des Glaubens: Christen behaupten in ihrem Glaubensbekenntnis, dass ein Mensch Gott ist: Jesus Christus. Das Schwarze ist weiß, so könnte man in Abwandlung sagen, um die Provokation auf die Spitze zu treiben.

Geistliche Übungen lehren mich, die Kirche als die Gemeinschaft zu lieben, die wie eine Person mit Jesus verbunden ist und deshalb nicht zu Unrecht den Titel Braut trägt. In den engagierten Auseinandersetzungen um eine zukünftige Pastoral halte ich eine solche Haltung für unabdingbar notwendig. Durch eine solche Haltung lerne ich zu vertrauen, dass mir in der Kirche die Wahrheit Jesu Christi entgegenkommt. Ich lerne zu erspüren, was der Geist Jesu ist, und werde so ein kirchlicher Mensch.

16. Wir bilden eine Kommission: geistliche Entscheidungsfindung in Gemeinschaft

Kommissionen sind normale Arbeitsinstrumente in jedem Betrieb und Unternehmen. Kommissionen werden gebildet, um Arbeit aufzuteilen und sie zu strukturieren und um einzelne Zusammenhänge tiefer zu bedenken. Es gibt fast kein Problem, das Gruppen einer Lösung zuführen wollen, ohne dafür eine Kommission einzusetzen. Auch in meiner Arbeit als Bischof ist das oft notwendig. In einer Gruppe lassen sich die Sachfragen intensiver diskutieren, mögliche Problemlösungen wieder verwerfen, durch Fachleute Aspekte näher anschauen, Entscheidungen gediegen, sachgerecht und den Menschen dienlich herbeiführen. Dabei spielen selbstverständlich nicht nur rationale Überlegungen eine Rolle, sondern auch Gefühle und Affekte, Vorlieben und Antipathien.

Mitunter wird »aus dem Bauch heraus entschieden« oder der Stärkere setzt sich durch, indem er Koalitionen bildet und so zu einer Mehrheit kommt. Das kann wohl nicht die Art und Weise sein, wie Christen miteinander um Entscheidungen ringen und Übereinkunft erzielen. Im Gegenteil: Gerade hier erweist sich der Glaube an die Führung durch die Kraft des Geistes. Deshalb fragen Christen bei ihren Entscheidungen: Was will Jesus in dieser Situation von mir? Was kommt aus seinem Geist, und was ist diesem Geist entgegengesetzt?

Versteht sich eine Gruppe bewusst als Glaubensgruppe, wird sie nicht nur zusammenarbeiten wollen, sondern diese Zusammenarbeit aus dem Glauben zu gestalten versuchen. Dabei können die Probleme, die jeweils anstehen, sehr unterschiedlicher Natur sein. Wichtig ist die Entscheidung: Wir wollen als Gruppe aus dem Glauben diese Fragen einer Antwort zuführen. Wichtig ist, sachlich abzuklären, in welchem Rahmen und in welchem größeren Zusammenhang die Frage steht. Die Gruppe muss sich einigen: Worum geht es überhaupt? Welcher Zusammenhang ist berührt und mitzubedenken? Schließlich sind gemeinsame Haltungen notwendig, um die Entscheidung aus dem Glauben zu treffen.

Zu diesen Haltungen gehört vor allem die Bereitschaft, die Situation so anzuschauen, wie sie ist, und im Austausch mit anderen die bestmögliche Lösung zu finden. Es geht mir also nicht darum, meine Meinung durchzusetzen und meinen Interessen zum Erfolg zu verhelfen, sondern der Sache zu dienen. Im Hintergrund dieser Haltung steht die feste Überzeugung, dass die Kirche der Ort der bleibenden Gegenwart Christi ist, in der der einzelne Christ/die einzelne Christin herausgefordert ist, die Sendung Jesu in unserer Zeit mitzutragen.

Grundlegend ist die Bereitschaft, die Gnadengaben aller Einzelner, die sich ja voneinander stark unterscheiden, anzunehmen, um so im gemeinsamen Tun zum Wohl der Kirche beizutragen. Dazu gehört auch zu akzeptieren, dass manche Spannungen unüberbrückbar bleiben.

Für den Einzelnen in dieser Glaubensgruppe ist es notwendig, für sich im Gebet zur Klarheit zu finden. Dazu hilft, sich unabhängig zu machen gegenüber Vorschlägen und Personen, die ich zunächst nur aus Sympathie oder aus Antipathie betrachte, um so offen zu werden, ihren inneren sachlichen Kern besser zu verstehen. Auch die Demut, die Grenzen der eigenen Kompetenz zu erkennen und sich von anderen gut raten zu lassen, reinigt die Atmosphäre von Stolz und Überheblichkeit, die es immer besser wissen will als die anderen. Sie reinigt auch von Menschenfurcht und befähigt, Widerstand anzumelden, wenn es dem Einzelnen aus dem Geist Jesu heraus geboten erscheint. Eine selbstlose Haltung zeigt sich schließlich auch darin, dass man nicht unbedingt den eigenen Kopf durchsetzen will, sondern eine Entscheidung mitträgt, die der eigenen Ursprungsidee zwar widerspricht, dem Gewissen aber nicht.

Zur Entscheidungsfindung in Gemeinschaft hilft auch die Offenheit, zunächst unbequeme Lösungen in den Blick zu nehmen und sie genau zu prüfen, selbst wenn sie mehr Mühe und Arbeit machen würden. Gerade in einer Gruppe, in der Starke und Schwache miteinander leben und arbeiten, kommt es leicht zu einem Machtkampf. Solange ein Einzelner nur auf seine Idee fixiert und nicht bereit ist, sich überzeugen zu lassen und anzunehmen, dass ein anderer eher Recht hat, wird eine Entscheidung nicht zu einer inneren geistlichen Klarheit kommen. Auch dient es der Sache nicht, wenn eine Entscheidung bestimmt ist durch die Sorge, die Sympathie der anderen verlieren zu können, wenn man sich aus objektiven Gründen gegen deren Meinung stellt.

Wenn die Einzelnen und die Gruppe als Ganzes sich ernsthaft um diese Haltungen bemühen, kann ein guter Prozess in Gang kommen. Er wird folgende Arbeitsschritte beinhalten:

- Zunächst ist die Sachlage darzustellen und die Frage zu klären: Was ist die Frage? Worum geht es? Was sind die Komponenten, die das Problemfeld beinhalten?
- Dienlich wird es sein, sich eine Verfahrensordnung zu geben, wie die einzelnen Schritte anzugehen sind. Möglicherweise hilft dazu ein kompetenter Begleiter.
- In einer ersten Runde schauen alle die Sachlage an und beschreiben Alternativen.
- Alle sind eingeladen, im Gebet sowohl die anstehende Frage als auch die Personen, die von ihr betroffen sind, Jesus vorzustellen, in seinem Blick – möglicherweise unter der Anleitung eines bestimmten Bibelwortes – die vorgeschlagenen Alternativen zu bedenken und ihnen wie auch den Personen gegenüber eine innere Unabhängigkeit zu gewinnen. Alle sollen darauf achten, was bei den angebotenen Lösungen mehr zu Gott hin oder mehr von ihm weg führt.
- Schließlich folgt ein Anhörkreis. Ohne Diskussion teilen die Einzelnen mit, wie sie die Lösungsvorschläge innerlich aufgenommen und welche Regungen die Seele dabei bestimmt haben. Nach einer kurzen persönlichen Reflexion werden Argumente ausgetauscht und weitere Sachfragen geklärt.
- Danach ziehen sich alle noch einmal zurück und bedenken die Situation. Es ist auch möglich, sich in mehreren Runden auszutauschen, um die Reifung einer Lösung abzuwarten.

Das entscheidende Kriterium werden der Friede und der Trost sein, was die Lösung bei allen hervorbringt, so dass die Gruppe geeint bleibt. Man wird am Schluss die Frage stellen: Bringt die Lösung jedem Frieden, auch dem, der sich ihr nicht anschließen kann, aber dennoch sieht, dass sie die überzeugendste ist? Bewirkt sie Trost als Frucht dieses Prozesses, größere Klarheit und innere Sicherheit sowie die feste Bereitschaft, für diese Lösung gemeinsam einzustehen?

Eine solche geistliche Entscheidungsfindung in Gemeinschaft lässt es nicht als überheblich erscheinen, dem Beispiel der Apostel zu folgen, die in ihrer ersten großen Versammlung, dem so genannten Apostelkonzil, ihre Entscheidung mit dem Satz einleiteten: »Der Heilige Geist und wir haben beschlossen …« (Apg 15,28).

17. Ein Wort zum Schluss: Exerzitien als Grammatik des geistlichen Lebens

Wer eine Sprache lernen will, muss sich Vokabeln und Grammatik aneignen. Um die Grammatik zu kennen, ist hilfreich und erleichternd, sich in der jeweiligen Sprache zurechtzufinden. Allerdings wird durch das Studium der Grammatik die Sprache noch nicht gelernt. Umgekehrt wird ohne Grammatik eine Sprache in ihrer Struktur nicht verständlich sein. Grammatik hilft, den inneren Baugesetzen einer Sprache zu folgen, ihre künstlerische Struktur zu erkennen. Sie ist eine Stütze für den Umgang mit einer Sprache.

Geistliche Übungen, Exerzitien sind eine Form der spirituellen Tradition der Kirche. In ihrer inneren Systematik fassen sie die Erfahrung des Gebets vieler Jahrhunderte zusammen. Sie geben dem Menschen ein Instrument an die Hand, Gefühle und Regungen zu ordnen, sie zu verstehen und auszurichten auf das Ziel des christlichen Lebens, nämlich Jesus zu begegnen, mit ihm zusammen zu sein, aus seinem Geist die Welt zu gestalten. So sind sie eine Grammatik des Betens und des Umgangs mit der Heiligen Schrift. Sie helfen, die Balance zu finden zwischen dem Gebet als einer gemeinschaftlichen Größe und dem persönlichen Akt. Und sie helfen zur Balance zwischen dem Anruf Gottes im Wort der Schrift und der Situation, in der ich mich gerade befinde. Sie entfalten die Fähigkeiten, das Wort aufzunehmen, aber auch die Hindernisse zu sehen, die dem Wort entgegenstehen, und alles zu fördern, was seiner Aufnahme dient. Das große Glaubenszeugnis der Kirche brechen sie um auf die konkrete Lebenswirklichkeit des Einzelnen. So wird die Frage möglich: Was bedeutet diese Glaubenswirklichkeit mir ganz persönlich? Gerade in den Regeln zur Unterscheidung der Geister (GÜ 313ff.) kommt diese Grammatik des geistlichen Lebens in besonderer Weise zum Zuge. Die Geistlichen Übungen helfen also, das innere Baugesetz des christlichen Glaubensbekenntnisses persönlich anzueignen und immer mehr von innen her zu durchdringen.

Mancher wird das alles nicht brauchen. Er oder sie spricht nur einfach und ganz schlicht täglich das folgende Gebet und ist so schon in den Exerzitien: »Wachse, Jesus, wachse in mir, in meinem Geist, in meinem Herzen, in meiner Vorstellung, in meinem Sinnen. Wachse in mir in deiner Milde, in deiner Reinheit, in deiner Demut, deinem Eifer, deiner Liebe. Wachse in mir mit deiner Gnade, deinem Licht und deinem Frieden. Wachse in mir zur Verherrlichung deines Vaters, zur größeren Ehre Gottes.«

In der Reihe **Ignatianische Impulse**
sind bisher erschienen: